NID ROC … OND ROL

O'R LLYS I'R GARREG FAWR

HUNANGOFIANT ROL WILLIAMS

NID ROC … OND ROL

O'R LLYS I'R GARREG FAWR

Hunangofiant Rol Williams

ISBN 9-781904845-59-1

Dymuna'r cyhoeddwyr
gydnabod cymorth
Adrannau Cyngor Llyfrau Cymru.

Cyhoeddwyd ac argraffwyd gan
Wasg y Bwthyn, Caernarfon

CYNNWYS

DIOLCH

Carwn ddiolch i staff Gwasg y Bwthyn, Caernarfon am eu cefnogaeth i gyhoeddi'r gyfrol, a'u hynawsedd ar bob achlysur.

Diolch hefyd i'r Cyngor Llyfrau am eu parodrwydd i gyfrannu tuag at gostau cyhoeddi'r hunangofiant hwn.

Diolch i'r cyfeillion a fu mor barod i roi benthyg lluniau i'w defnyddio. Ac yn olaf, fy mhleser yw cydnabod cyfraniad arbennig fy nghyfaill, Gwyndaf Hughes, Llanrug, am ei gymorth parod a chyson gyda chamera a chyfrifiadur, ac i'w briod, Mair, am sawl paned o de yn y Glasgoed

ROL WILLIAMS

CYFLWYNIAD

Ychydig feddyliais pan yn blentyn ym mhentref Brynrefail, wrth lygadrythu'n ddyddiol ar lethrau'r Cefn Du ar y gorwel a chlywed sŵn y gwynt yn iasol ddarogan glaw wrth chwarae mig rhwng mastiau Marconi ar y grib, mai yr ochr arall i'r mynydd y treuliwn innau ran helaethaf o'm bywyd.

Do, heb os, fe fwynheais y startyrs ym Mrynrefail, cyn blasu'r prif-bryd yn y Waunfawr, y lle a ddisgrifiwyd gan Dylan Iorwerth, un o hogia'r pentref, fel '. . . y rhuban hir o bentref a dyfodd blith draphlith ar y tir gerwin agored rhwng afon Gwyrfai a mynydd Cefn Du . . .'

Mae mwy nag un rheswm pam yr ysgrifenais yr hunangofiant hwn, y rheswm pennaf oedd i geisio arall-gyfeirio fy meddwl trwy gyfnodau anodd yn fy hiraeth o golli Gwenlli fy mhriod, mor annisgwyl y llynedd. Ond ar derfyn y cofnodi, 'dyw'r hiraeth fymryn llai.

Tachwedd 2007   *ROL WILLIAMS*

I GOFIO GWENLLI,

YN OGYSTAL Â'I RHIENI

TOM AC ANNIE WILLIAMS

GYNT O'R GARREG FAWR, Y WAUNFAWR

Pennod 1

Cymdogaeth Brynrefail

Pentref gweddol fychan oedd, ac ydyw, Brynrefail (mae pentref o'r un enw ym Môn). Yn nyddiau fy mhlentyndod yn nhri degau a phedwardegau'r ganrif ddiwethaf roedd yno gapel, a festri at ddibenion crefyddol a chymdeithasol yn ogystal, a'r Gweinidog yn byw yn y pentref fel ym mhob pentref arall yn y fro, ysgol sir ac ysgol gynradd, dwy siop a llythyrdy, gweithdy'r crydd, siop *chips* (dros dro, mae'n wir), a chae chwarae answyddogol. Arferai'r trên fynd heibio'r cyrion sawl gwaith y dydd, a byddem yn hoffi chwarae ar y platfform o lechi, ond nid pan fyddai trên y chwarel yn mynd i'r Felinheli ac yn ôl. Byddai'n anfaddeuol i mi beidio â chydnabod bod un o'r ddwy siop yn dyblu fel siop y barbwr, a Gwilym y perchennog yn gofalu bod llun un o'i gwsmeriaid mwyaf hirwallt, sef y cerddor Peleg Williams o Gaernarfon, yn addurno'r palis.

Roedd yno fasnachwyr eraill, os dyna'r gwir ddisgrifiad, a fyddai'n gwerthu nwyddau anarferol i'r pentrefwyr, fel pils at bob anhwylder a'r cyfan mewn cês lledr ar feic nid anenwog. Fe lwyddodd un gŵr i osod bwrdd rhwng talcen dau dŷ – yr 'entri' i ni – ac yno werthu gwahanol geriach pan fyddai'r tywydd yn caniatáu. Ond ni fu oes hir i'r *entrepeneur* hwnnw, mae gennyf ofn.

Dôi ein bara beunyddiol o Gwm-y-glo, Deiniolen a Llanberis, ein papur dyddiol o Gwm-y-glo drwy ymdrechion W. G. Sharp (felly roedd yr hysbŷs ar y trelar gwyrdd oedd yn sownd yn ei feic yn datgan), llefrith o'r Stabla (Craig y Ddinas, i roi'r enw neis neis ar y dreflan honno), y glo o Ddeiniolen a Llanrug, a'r cig o'r Fachwen a

Deiniolen. Doedd Brynrefail felly ddim yn hunangynhaliol o bell ffordd. Yn wahanol i'r mwyafrif o'r pentrefi cyfagos, roedd modd gweld tair rheilffordd wahanol o Frynrefail. Arferai trên Chwarel Dinorwig gydnabod bodolaeth y pentref drwy aros am seibiant fore a hwyr i godi a gollwng y chwarelwyr, a thu draw i weirgloddiau Pen-llyn lle bu'r carcharorion rhyfel yn agor milltiroedd o ffosydd adeg y rhyfel, roedd stesion y lein fawr, stesion yr LMS yng Nghwm-y-glo.

O sefyll ar bont rheilffordd y chwarel ac edrych draw dros Lyn Padarn, arferid gweld dau, os nad tri, o drenau Rheilffordd yr Wyddfa yn dringo neu'n dod i lawr ysgwydd y mynydd. Doedd rhyfedd felly fy mod, pan oeddwn yn blentyn, wedi swnian a swnian nes cael set trên Hornby yn anrheg Nadolig. Byth ers hynny bu gennyf ddiddordeb brwd mewn trenau.

Gwaetha'r modd, mae'r rhelyw o'r anhepgorion uchod oedd yn cynnal y bywyd pentrefol bellach wedi diflannu. Does dim gwasanaeth yn y capel na'r festri mwyach a chynhelir gwasanaethau'r Sul heddiw yn un o ystafelloedd yr adeilad newydd a saif ar dir yr hen ysgol sir. Rhyfedd o fyd – erstalwm, mynd i'r capel i gynnal gwasanaethau fyddai plant yr ysgol sir. Heddiw, mae pobol y capel yn mynd i'r hen ysgol i gynnal eu gwasanaethau hwy!

Fel trigolion y pentrefi cyfagos eraill, dywed pentrefwyr Brynrefail wrthyf heddiw nad ydynt bellach yn adnabod pawb sydd yn byw yn y pentref, cymaint y mewn fudo. Nid felly roedd hi erstalwm, ac mae'n debyg mai bodolaeth y gymdeithas glòs deuluol chwarelyddol oedd yn gyfrifol am hynny. Ac os oedd hi efallai yn gymdeithas fusneslyd yn ôl ein gwerthoedd ni heddiw, heb os roedd peth wmbredd o rinweddau yn perthyn iddi.

A oedd yna ryw arbenigrwydd ynghlwm ag ardal Brynrefail yn y dyddiau gynt? Gwell i un amgenach na mi ateb. Dyma farn y Prifardd R. Williams Parry am yr ardal pan oedd yn athro yn yr ysgol sir leol o 1908 hyd 1910:

"Ni welais na chynt na wedyn, fro mor farddonol â honno ... os bûm yn fardd erioed dyna'r pryd y bûm ac i'm cydymaith doeth a'm cylchfyd rhamantus y pryd hwnnw yr wyf i ddiolch am ysbrydoliaeth."

Yn ystod y cyfnod hwnnw y cyfansoddodd ei awdl boblogaidd 'Yr Haf' a mynych y soniai fy mam, a fu'n ddisgybl yn un o'i ddosbarthiadau, iddi weld y bardd yn eistedd ar fryncyn rhwng tir y Llys a Brynderw yn cyfansoddi pan oedd hi'n mynd efo'i phiser i gyrchu dŵr o ffynnon y Muriau.

Heb os, roedd gan Chwarel Dinorwig ddylanwad eang ar fywyd pob teulu yn y fro, gan fod y rhelyw o wŷr yr ardal yn gweithio yn y chwarel honno, er bod ambell un yn trin llechi yn chwarel Glyn Rhonwy. Byddai un neu ddau yn ychwanegu at gyflog pitw Yswain y Faenol – Syr Michael Duff bryd hynny – drwy gadw buwch neu ddwy a hanner cant o ddefaid ar amryw o dyddynnod gŵr y Faenol.

Yn ystod blynyddoedd cynnar yr ugeinfed ganrif roedd mân bentrefi'r fro, o droed yr Wyddfa hyd at lannau'r Fenai, wedi eu cysylltu â'i gilydd gan fân dyddynnod teulu'r Faenol. Yn wir, clywais droeon y gallai Syr Michael, y sgweiar, gerdded o'i blasty yn y Faenol, ger y Felinheli, i gopa'r Wyddfa heb roi ei droed ar dir neb arall, ffaith o bosib sy'n anghredadwy heddiw.

Fel gweddill plant yr ardal, fe'm magwyd innau ar aelwyd chwarelyddol, fy nhad a'i dad yntau wedi ymlafnio ar graig a chlogwyn am dros drigain mlynedd. Yn sgil hynny doeddem ni ddim yn ymwybodol fod termau cyffredin fel 'cyfri' mawr', 'jac-do', 'prês sbytai', 'trowsus melfaréd', 'sgidia hoelion mawr', 'is-rif', 'difidend Coparét', 'byrsari cownti sgŵl' a 'jermon' a myrdd o enwau cym-unedol eraill yn unigryw i ni, blant ardaloedd y chwareli. Cyn belled ag yr oeddem ni yn y cwestiwn roedd plant Abersoch a Llanfair Caereinion hefyd yn cael swper chwarel a swllt o bres poced ar 'Nos Wener y Cyfri Mawr'. Buan iawn y daethom i sylweddoli nad felly roedd pethau yn go iawn.

Gwyddem faint o'r gloch oedd hi o glywed y saethu yn y chwarel wrth ddryllio'r clogwyn – bob amser ar yr awr. Yn ogystal, roedd clywed sŵn esgidiau hoelion mawr hwn ac arall yn pasio'r tŷ yn gynnar yn y bore i ddal trên y chwarel yn ddigwyddiad dyddiol i blant pentrefi'r fro. Yn hwyr y prynhawn, eisteddem ger y platfform ar gwr y pentref i ddisgwyl y trên yn ôl er mwyn derbyn gweddillion cynnwys tun bwyd ein tadau, ond ni fyddem yn cael ein bodloni bob amser.

Rhaid cyfaddef fy mod yn hynod falch i mi gael fy magu ar aelwyd mor gymeradwy â'r aelwyd yn Glanffrwd. Fel amryw o rai eraill, doeddwn innau ddim yn sylweddoli'r breintiau ar y pryd, ond o edrych yn ôl mae gennyf ddyled fawr i'm rhieni a'm modryb ac i'r gymuned gartrefol gynnes unigryw oedd yn bod ym Mrynrefail a'r cylch.

Roedd fy nghartref, Glanffrwd, yn dŷ cerrig gweddol o faint gerllaw'r afon Caledffrwd a oedd, ac sydd heddiw, yn naddu ei ffordd o ucheldir yr Elidir i'r afon Seiont. Mae'n deg dweud ei bod ychydig mwy na ffrwd ac i ni'r plant ei defnyddio o dro i dro i chwarae 'tic'r afon' neu adeiladu argae o fwd a cherrig i wlychu'n traed a'n penolau, a dal ambell i sili-don efo rhwyd a wnaed o fag blawd.

Yr ochr arall i'r ffordd yr oedd gardd Glanffrwd a sied, lle byddai fy mam yn tanio'r boilar i olchi dillad bob dydd Llun, a'r lein ddillad honno yn amlach na pheidio yn rhwystr i mi fwynhau cicio pêl yn erbyn talcen siop William John ym mhen draw'r ardd. Ym mhen arall yr ardd yr oedd un o anhepgorion bywyd, sef y tŷ bach a'i bwced anweledig, rydlyd. Un o gyfrinachau bywyd sydd i'w datgelu'r funud hon ydi y byddwn yn eistedd yno am hylltod yn dynwared Churchill, y Prif Weinidog bryd hynny, yn cyflwyno ei anerchiad gwladgarol yn nyddiau du'r rhyfel. Yn wir, byddwn wedi eistedd mor hir nes y byddai siâp cylch twll y sedd bren wedi ei drosglwyddo i'm cnawd innau. Wrth gwrs doedd 'na'r fath beth â phapur toiled yn bod, darnau o'r *Daily Post* neu'r *Herald Cymraeg* wedi eu torri'n ddestlus a sgwâr ac yn hongian ar hoelen ger y drws oedd hanfod ein glanweithdra ni, ymhell cyn dyfodiad yr *Health and Safety* bondigrybwyll.

Roedd ffordd fawr yn mynd heibio'r ardd ffrynt a ffens haearn ar ben y cerrig yn dynodi'r terfyn nes i ryw ddyn pwysig alw un diwrnod a dweud wrth fy nhad fod yn rhaid i'r *railings* gael eu tynnu a'u cludo oddi yno er mwyn y *War Effort*, pan fyddai'r Llywodraeth yn hawlio pob darn haearn i wneud arfau rhyfel, heb geiniog o iawndal, wrth gwrs!

Bellach, mae ffordd osgoi Brynrefail wedi arbed y tagfeydd a gaed yno erstalwm, a'r difrod cyson i waliau gerddi ffrynt sawl tŷ wedi peidio, er mawr bleser i sawl cwmni insiwrin mae'n siŵr.

Adeiladwyd Glanffrwd gan berthynas i Nhad yn 1878. Mae'r flwyddyn honno wedi ei naddu ar ei dalcen ac yno y treuliais bron i ddeng mlynedd ar hugain o flynyddoedd cyntaf fy mywyd gydag Owen Williams ('Ŵan Willias pisar bach' i hogia'r chwarel) a'i briod, a William John a'r teulu yn gymdogion o boptu.

Er nad yw Brynrefail ond pentref bychan mae iddo yntau ei 'sybyrbs', fel tae: 'Rallt, Gors Bach, Cytir, y Bryn a'r Felin. Ysgwn i a ydyw plant y pentref heddiw yn gyfarwydd â Chraig Llew, Tŷ Isaac, a'r Bont Haearn?

Bryd hynny roedd yn arferiad enwi tai ar ôl rhai o ddinasoedd Lloegr ac rooedd yna Liverpool House, Manchester House a Birmingham House ym mhob pentref bron, ond aeth rhywun ymhellach na hynny hyd yn oed, a galw un tŷ yn y pentref yn Berlin House!

Yn anffodus, oherwydd diffygion yn yr adeiladau mae drysau capel a festri Brynrefail wedi cau ers blynyddoedd bellach.

Ond daw atgofion lu wrth feddwl am y festri – cofio'r dramâu, cyflwyno emyn yn gyhoeddus am y tro cyntaf i gloi cyfarfod gweddi ddechrau'r flwyddyn, cofio fy nghyfaill John Morris, y cyfeirir ato yn nes ymlaen, a minnau yn trefnu cyfarfod i groesawu Dilys Cadwaladr yn ôl gartref wedi iddi ennill y goron yn Eisteddfod Genedlaethol y Rhyl yn 1953 a'r nosweithiau cymunedol hynod bleserus a adnabyddid fel 'Y Sosials' pan ddoi pentrefwyr Brynrefail ynghyd yn un teulu cyfeillgar.

Arferid cynnal y nosweithiau hynny ar 'Nos Wener y Cyfri Mawr' – y nos Wener ar ôl diwedd y mis pan delid yr arian oedd yn ddyledus am y cynnyrch yn y chwarel – bonws tra derbyniol i sawl teulu. Byddai'r festri'n llawn ar y nosweithiau hynny a'r gynulleidfa yn eistedd wrth y byrddau trymion a oedd hefyd, pan fyddai'r angen, yn cael eu haddasu am weddill y flwyddyn i fod yn seddau seiat a chyfarfod gweddi.

Ni fu erioed gystal blas ar ham ferwi, jam mwyar duon, nionod picl, tsiytni, a chacennau o bob siâp a chynnwys – y cyfan yn gynnyrch cartref merched gweithgar y pentref, ac i gloi'r noson cyflaith blasus Anti Jôs, Bryn Eryr, mam D. Idris Jones a fu'n brifathro Ysgol Gynradd Waunfawr. Cyfraniad y gwŷr, wrth gwrs, fyddai golchi'r llestri!

I gloi'r nosweithiau pleserus hynny caed awr o ddiddanwch cystadleuol digon diniwed fel cyfansoddi llinell goll, adrodd darn heb ei atalnodi, rhoi mwgwd dros y llygaid a cheisio gosod cynffon ar lun o gi ac yn y blaen. Unwaith fe dynnais holl rym Henaduriaeth Arfon i'm pen am feiddio cynnal cystadleuaeth dyfalu faint o bys oedd mewn pot. Rhoddwyd terfyn cynnar ar y gystadleuaeth honno gan un o'r blaenoriaid – doedd neb i gynnal cystadlaethau hap a damwain ar unrhyw gyfrif yn un o adeiladau'r Henaduriaeth!

Cofiaf Bob Owen, Croesor, yn darlithio yn y festri ar 'Ffasiynau'r Oes o'r Blaen', un o'i ddarlithoedd hynod boblogaidd. Soniodd fel y byddai'r gwŷr di-briod oedd yn ysu am wraig yn fwy na pharod i dynnu enw allan o het, enw un ferch fyddai'n cynnig ei hun fel darpar-wraig. Medraf ei glywed y funud yma yn taranu ar dop ei lais, 'Ew, meddyliwch yn ddifrifol, bobol, am y peryg oedd i'r fath syniad. Rargian fawr, mi allech dynnu enw cythral o hwran fawr.'

Afraid dweud nad oedd pawb yn gwenu, yn y gynulleidfa barchus honno!

Roedd sedd y teulu yn y capel ar yr ochr chwith yn y llawr ac roedd ffenestr hwylus iawn ar y chwith a roddai gyfle i mi, pan fyddai'r pregethwr yn sych ac anniddorol, i wylio ieir a gwyddau Owen Foulkes, Haulfryn, yn ymdrybaeddu yn y weirglodd fain.

Does dim angen meddwl yn hir pa bregethwr oedd fy ffefryn i – J. W. Jones, Conwy, bryd hynny, oedd y gŵr hwnnw, a'i bregethau yn llawn o ddywediadau bachog oedd mor nodweddiadol ohono. Byddai Cynan hefyd yn dod i bregethu yn flynyddol i Frynrefail, a hynny am fod perthynas iddo, Evan Owen, yn byw yn Orwig Terrace.

Un arferiad sydd bellach wedi ei ddileu, diolch i'r drefn, oedd yr arferiad o flaenor yn rhoi crynodeb diflas tu-hwnt o'r bregeth ac yn rhygnu ymlaen am ddeng munud a mwy.

Ond mae'n ddyletswydd arnaf gofnodi dawn y blaenoriaid – bron i gyd yn chwarelwyr ac wedi gadael yr ysgol yn ifanc iawn – i siarad yn gyhoeddus mewn iaith raenus a chaboledig. Mae'n sicr i gyfarfodydd caban y chwarel fod yn fagwrfa i lawer un i ymarfer dweud gair yn gyhoeddus.

Byddai tripiau'r Ysgol Sul bron yn ddi-feth yn mynd i'r Rhyl bryd hynny, a thrwy ryw drefniant enwadol o bosib byddai sawl bwrdd o ddanteithion yn ein disgwyl yn festri un o gapeli'r dref.

Wrth gwrs, ymweld â'r Marine Lake efo'i lu o atyniadau oedd pinacl y tripiau, ac mae hiraeth am y trên bach a fyddai'n mynd o gylch y llyn, heb anghofio'r beiciau tair olwyn wrth fynd rownd a rownd ynys fechan o goncrid. Bryd hynny, y profais *road rage* am y tro cyntaf yn fy mywyd! Mae bri'r Marine Lake bellach yn rhan o hanes y Rhyl, a'r cyfan yn cael ei ddymchwel i'w 'ailddatblygu'.

Roedd dylanwad y capel yn fawr yn ogystal â'r Band o Hôp, ble y bu i mi fethu'n lân ag ymateb i ymdrechion glew Evan Jones, Tros yr Afon, yn wythnosol i geisio fy nghael i ganu mewn tiwn wrth bwyntio'i gansen at wahanol nodau ar fodiwletor Mr Curwen a oedd yn hongian ar fur y festri.

Pennod 2

Magwraeth

Merch teulu Llys Dinorwig, ar gyrion Brynrefail, oedd fy mam. Mae adfeilion hen Lys Llywelyn yng nghefn y cartref, ond ymwelwyr yr haf sy'n troedio'r erwau erbyn hyn gan fod fferm y Llys ers blynyddoedd yn wersyll i ugeiniau o garafannau o bob maint a moethusrwydd, a'r tŷ lle'm ganed yn safle clwb yfed y gwersyll.

Adwaenid fy mam ym mhob man yn y fro fel 'Neli Llys' a finnau o dro i dro wrth reswm 'yn hogyn Neli Llys', ond Elen oedd ei henw bedydd a dyna a geid ar ddogfennau o bwys fel papur lecsiwn ac adroddiad y capel a phethau felly. Bu'n athrawes ddi-goleg, fel yr oedd amryw ym mlynyddoedd cynnar yr ugeinfed ganrif, a mynych y soniai am flynyddoedd fel *pupil teacher* yn ysgolion Bangor a Chaernarfon. Heb os, fe blannodd ynom ni'r plant ddyhead cynnar i werthfawrogi addysg, crefydd a diwylliant. Efallai i mi ei siomi drwy beidio â mynd i goleg fel y gwnaeth fy mrawd Ifan ac, i fod yn onest, arferwn gael pyliau cyson o edifarhau ond dyna fo, fy mai i oedd yn gyfrifol am hynny.

Pan ymgymerai fy mam ag unrhyw ddyletswydd, rhoddai ei holl egni i'r weithred honno a chyflawni'r cyfan gyda graen. Dro yn ôl roeddwn yn ŵr gwadd yng nghinio Cangen Brynrefail o Sefydliad y Merched, mudiad y bu fy mam yn deyrngar iawn iddo ac yn ysgrifennydd y gangen am flynyddoedd. Yn wir, yn wir bu'n *delegate* (gair o gryn bwys yng ngeirfa'r WI) yn Neuadd Albert, Llundain, unwaith ac yn sgil hynny ymwelodd â sawl cangen ym mro'r chwareli i adrodd yr hanes a datgan beth oedd tynged y *resolutions* bondigrybwyll! Roedd rhyw 'Denman College' ger Rhydychen wedi mynd mor gyfarwydd ei dinc ar yr aelwyd gartref â Choleg y Normal. Yno yr oedd aelodau'r wlad o Sefydliad y Merched yn cynnal myrdd o gyrsiau fel gwneud jam a gosod blodau medd aelod wrthyf.

Bu Nhad yn filwr gyda'r Royal Welch Fusiliers yn y Rhyfel Mawr ac fe'i clwyfwyd yn y Dardanelles. Ychydig iawn a soniai wrthym am ei gyfnod yn y fyddin ond câi gryn foddhad o gyfarfod hen gyfeillion mewn aduniadau yr arferid eu cynnal ar dir plas yr Arglwydd Davies yn Llandinam, gan mai fo oedd prif swyddog y gatrawd.

Fel y soniais, fe'm ganwyd yn y Llys, Brynrefail – Llys Cottage i fod yn fanwl gywir – oddeutu un o'r gloch ar fore oer o Ionawr yn ôl y sôn, a'm rhieni wedi priodi yn eglwys Llanddeiniolen wythnos ynghynt. Wrth gwrs, byddai fy nyfodiad i'r byd cyn i'r ddau briodi yn drychineb anfaddeuol yn yr oes honno, a dyna'r rheswm pam y priodwyd y ddau, o deuluoedd hynod Bresbyteraidd, yn eglwys y plwy a'r ddau bellach yn gorwedd ym mynwent yr eglwys.

Meddai Nhad ar lais tenor swynol a bu'n aelod o sawl côr a pharti yn y fro. Ymddiddorai mewn gwahanol chwaraeon, yn enwedig pêl-droed ac o bosib mai fo sydd yn gyfrifol am fy niddordeb innau mewn chwaraeon o bob math. Cawn fynd gyda'm tad ar bnawn Sadwrn i gae tîm pêl-droed Dinas Bangor yn Farrar Road yn nyddiau'r Lancashire Combination a'r Cheshire League. Un o fendithion yr ymweliadau hynny â Bangor a Chaernarfon o bryd i'w gilydd fyddai profi haelioni cydweithwyr fy nhad yn y chwarel, er nad oedd y cyflog ond pitw – 'Hwda, dipyn o bres i ti ga'l da-da te, 'ngwas i.'

Un arall o bleserau fy nhad oedd garddio, ac fel llawer o'r chwarelwyr bryd hynny arferai blannu rhes neu ddwy o datws yn yr ardd yn ogystal ag ychydig resi ar dir perthynas iddo ar boncen Ffrwd Goch. Dyna gychwyn fy niddordeb innau mewn garddio.

Ond heb amheuaeth fy mam oedd y penteulu. Hi fyddai'n gosod y drefn a chanddi y cefais un o'm llu ffaeleddau sef y duedd i wylltio braidd yn rhy sydyn. Roedd ei choginio yn hynod ganmoladwy, er mai prydau cyffredin y dyddiau hynny oeddynt o'u cymharu â'r dewis diddiwedd a geir heddiw. Fy hoff bryd i oedd 'pen oen', byddai Ioan Roberts, y cigydd, yn gofalu cadw pen oen iddi ei ferwi, a chyda platiad o datws newydd, byddai blas eithriadol ar y cyfan. Yn wir, byddai gwragedd ifanc y pentref yn galw acw er mwyn cael y risét. Yn anffodus, ofnaf nad oes neb bellach, yn ôl y cigyddion y bûm yn eu holi, yn gwybod sut i goginio 'pen oen'. Eu colled nhw yn sicr yw hynny. Ar y cyfan, pan oeddwn yn blentyn roeddwn yn eithaf parod i fwyta beth bynnag a roddid o'm blaen, ond dau fath o bwdin na fedraf hyd y dydd heddiw eu mwynhau yw tapioca a sago; mae'r gair sago yn dwyn ar gof i mi ymweliadau Yncl Wil, brawd fy mam, â'n tŷ ni a minnau yn troi fy nhrwyn ar y sago felltith. Byddai'n rowlio'r papur dyddiol a'i ddal uwch fy mhen gan ddweud, 'Byta hwnna, mi neith o les iti hogyn'. Yn wir, byddwn yn llyncu pob llwyaid ohono a'm llygaid ar gau, ac mae blynyddoedd ers i'r pwdin melltith hwnnw fynd i'm ceg.

Heblaw fy rhieni, a'm brawd Ifan a Cathrin fy chwaer – bu brawd arall, Gwilym Myrddin, farw yn 11 mis oed – roedd person arall yn byw yn ein tŷ ni yn Glanffrwd, sef chwaer fy mam, Modryb Lisi, er mai Lisi fyddwn i'n ei galw bob amser. Hen ferch oedd Lisi ac wedi bod yn athrawes ar hyd ei hoes yn ysgolion Caernarfon, Bangor, Penisa'r-waun a'r ysgol gynradd leol ym Mrynrefail. Rwyf yn fwy na pharod i gofnodi fy nyled amhrisiadwy iddi hi, nid yn unig am ei haelioni i ni, blant ei chwaer, ond yn ogystal am ennyn diddordeb ynof yn gynnar iawn mewn llenyddiaeth a'r diwylliant Cymreig. Arferai fynychu'r Eisteddfod Genedlaethol yn flynyddol a bu hefyd ar un o fordeithiau'r Urdd. Roedd yn aelod cynnar o'r Blaid Genedlaethol, fel y gelwid Plaid Cymru bryd hynny, ac yn gapelwraig gyson gan gerdded i fyny'r allt i gapel ei magwraeth, Ysgoldy, Clwt-y-bont.

18

Dyma gerdd a gyfansoddais er cof am fodryb hynod iawn:

Fe'i teimlaf hi'n anodd a'i theimlo hi'n hawdd
i gasglu'r bendithion ynghyd,
Yn anodd, mae'n debyg, am fod ynof ofn
Anghofio'r rhinweddau i gyd,
Canllawiau ei bywyd drwy gydol ei hoes
Oedd ffydd mor ddiysgog yn Nuw,
A gobaith i'r gwannaf drwy stormydd y byd
Gael cariad ei gyd-ddyn, i fyw.
Os gwag yw y gornel pan af ar fy hynt
I'r aelwyd ble carai hi fod,
Mae rhywbeth yn rhywle a'i atgof o hyd
Yn sibrwd mai 'fan hyn roedd yn bod',
Roedd swp o'r *Goleuad* wrth law bron bob tro
Cans dyna'n ddi-feth oedd y drefn,
O win 'rhen gostrelau fe gafodd fwynhad
A'i rannu rhwng eraill drachefn.

Sylfeini ei bywyd fu'n gadarn a chryf
Ni cherddodd 'run cam hebddo Fo,
Nid porthladd mewn storm ydoedd eglwys i hon
Na chrefydd yn hwylus dros dro,
Ond canllaw i'w cynnal wrth gyrraedd y nod
I'r rhai oedd yn mynd, a'r rhai sydd yn dod.

Ysywaeth, mae Capel yr Ysgoldy wedi ei ddymchwel erbyn hyn. Yno y bu'r Parchedigion O. G. Owen (Alafon) ac R. H. Watkins yn gweinidogaethu a'r ddau yn uchel iawn eu parch gan fy modryb a fy mam. Yno, yn yr Ysgoldy, y cefais innau fy medyddio.

Yno hefyd y caem wledd flynyddol pan ddôi enwogion y genedl i gynnal cyngherddau. Cofiaf glywed Parti Alun Ogwen a'i briod, o

Benmachno, gyda Ritchie Thomas ac Ifan a Magi Roberts, ac ar droeon eraill Henryd Jones o Ddyffryn Conwy, Mary Jones, Llanfairfechan a Bob Lloyd, Bala, ac yn ddi-feth byddai'r capel yn orlawn. Atgofion hyfryd yn wir.

Pennod 3

O Ysgol i Ysgol

Yr ysgol gyntaf i mi ei mynychu oedd yr ysgol gynradd leol gyda Miss Thomas o Ddeiniolen yn brifathrawes – yr unig athrawes, a dweud y gwir. Wedi cyrraedd chwech oed y drefn oedd i ni, blant Brynrefail, symud i ysgol Tanycoed, Penisa'r-waun, a dilyn y ffordd gul igam-ogam heibio tyddynnod Ffrwd Goch, Cytir, Brynmadogydd, Llain Hir, Pen Dinas a Llwyn Derw cyn disgyn i lawr yr allt i'r ysgol yn y pant islaw. Heb os, wrth gerdded y daith ddyddiol honno fe ddaethom ni'r plant yn gyfarwydd iawn â natur. Roeddem yn gwybod ble'r oedd nythod yr adar, ble'r oedd cnau daear, eirin tagu ac eirin 'go iawn', yn gyfarwydd hefyd â sŵn y gornchwiglen a rhegen yr ŷd, ac yn derbyn yn ddidrafferth y newidiadau tymhorol.

Erys atgofion melys o ysgol Tanycoed a'r staff. Y prifathro oedd Mr Jones, gŵr eithaf mwyn a chymeradwy, a'r tair athrawes oedd Ceinwen Williams, fy modryb Lisi, a'r wraig unigryw a hoffus, Mrs Evans. Roedd hi'n nain i'r arwerthwr enwog o Fôn, Morgan Evans – Morgan Evans, MBE, erbyn hyn wrth gwrs.

Cofiaf yn glir y diwrnod cyntaf y daeth Morgan a'i ddwy chwaer, yr efeilliaid Astrid a Mafalda, i'r ysgol. Roeddynt wedi dod i Benisa'r-waun i fyw o Dde Affrig, heb wybod yr un gair o Gymraeg, ffaith o gryn syndod i selogion Mart Gaerwen heddiw, mae'n siŵr. Safai'r tri yn hynod swil a'u cefnau ar wal iard yr ysgol a Mr Jones yn eu cyflwyno i ni a oedd bryd hynny'n credu fod Affrica yn bell bell o Benisa'r-waun.

Ond buan iawn y daeth y tri yn hyddysg yn y Gymraeg, yn wir mor dda fel y bu i Morgan ennill ar adrodd yn eisteddfod y Glasgoed,

Penisa'r-waun, a gwn i'r llwyddiant hwnnw roi cryn foddhad iddo hyd y dydd heddiw.

Dynes yr asiffeta oedd Mrs Evans; fe gadwai botelaid o'r felltith yn y cwpwrdd ger y lle tân ac os oedd unrhyw ddisgybl yn pigo'i drwyn neu ddioddef o boen stumog, anelai Mrs Evans am yr asiffeta, oedd yn foddion yn ei golwg hi at bob anhwylder. Nid oedd cyfleusterau coginio yn yr ysgol ac felly roedd yn rhaid i bawb ddod â phecyn o fwyd gydag ef o'i gartref. Ond ar ddyddiau haf caniateid i ni fynd i glogwyn Llwyn Derw i fwyta rhyw fath o bicnic answyddogol ond pleserus dros ben.

Fel yr oeddem ni, blant Brynrefail, yn cerdded i Benisa'r-waun yn ddyddiol, roedd rhai o blant Penisa'r-waun yn dod i'n cyfarfod bob bore a phnawn wrth fynd a dod i ysgol sir Brynrefail. Yn eu mysg roedd Huw Lloyd Edwards, y dramodydd, a 'Gwilym Siop', fel y byddai pobol yr ardal yn 'i ddweud wrth gyfeirio ato, sef Gwilym O. Williams a ddaeth ymhen amser yn Archesgob Cymru, er bod ei dad yn flaenor yng nghapel y Methodistiaid yn y Glasgoed, nepell o'i siop yn y Waun, Penisa'r-waun.

Roeddem ni'r plant yn gwneud yn fawr o bob awr o wyliau ysgol i ddiddanu ein hunain ac yn aml pleserau o'n dychymyg ni ein hunain oedd y rheini, nid pleserau redi-mêd fel sydd heddiw. Allan yn yr awyr iach yr oeddem bob cyfle posib.

Wedi pedair blynedd yn ysgol Tanycoed, rhaid oedd eistedd y *scholarship* i fynd i'r ysgol sir ym Mrynrefail. Bûm yn ddigon ffodus yn yr arholiad, ond nid felly rai o'm ffrindiau pennaf ac roedd hynny yn dipyn o loes i mi. I ysgol Llanrug yr aeth Bob a'i frawd Leslie ac eraill ac yna i weithio i Chwarel Dinorwig. Yn anffodus, bu'r ddau farw yn ifanc, oherwydd dylanwad llwch y chwarel o bosib.

Roedd gan arholiad y '*scholarship*' ddylanwad aruthrol ar fywydau plant y dyddiau hynny, ac roedd ambell un a oedd wedi methu'r arholiad braidd yn eiddigeddus ac yn frwnt ei dafod wrth ofyn yn sbeitlyd i mi a'm tebyg oedd yn yr ysgol sir yn un ar bymtheg oed, 'Yn 'rysgol wyt ti o hyd? Pam na ei di i weithio dŵad?'

Ym Medi 1935 fe gychwynnais fy addysg yn yr ysgol sir, rhyw

ganllath o'm cartref, a chael mynd adref i ginio bob dydd. Ond oherwydd anhwylder ar y nerfau bu raid i mi fynd i ysbyty'r C&A, fel y'i gelwid ym Mangor, ac o'r herwydd fe gollais rai wythnosau o'r tymor cyntaf, a bu'n andros o anodd ceisio dal i fyny, os llwyddais o gwbl. Bellach, roedd yr ysgol sir bentrefol ar ei newydd wedd i mi. Adeilad i basio heibio iddo gyda pharchedig ofn fu'r adeilad cyn hynny, a swildod rhyngof a disgyblion yr ysgol, er y byddwn yn gwylio'r gemau pêl-droed a chriced ar foreau Sadwrn oddi ar bont y pentref.

Erys un atgof o'r gwylio hwnnw, sef gweld y diweddar Huw Lloyd Edwards yn taro'r bêl griced o ganol y cae, dros y ffordd fawr i ganol dyfroedd afon Caledffrwd – ergyd cystal unrhyw ddydd ag ymdrech fythgofiadwy Gary Sobers yn Abertawe ymhen blynyddoedd wedyn. Sawl tro yn nhreiglad y blynyddoedd y byddai Huw a minnau'n ail-fyw'r orchest honno.

A bod yn onest, fyddwn i ddim yn datgan i mi lwyr fwynhau'r cyfnod yn yr ysgol sir. Bryd hynny wrth gwrs, roedd yn orfodol i ddisgyblion astudio pynciau nad oeddynt yn rhoi unrhyw fath o bleser o'u hastudio, fel Lladin er enghraifft. Heddiw mae pethau wedi newid er gwell, a disgyblion yn astudio amrywiaeth o bynciau yn ôl eu dewis hwy ac nid fel y dewis a gefais i, er enghraifft, Lladin neu Gerddoriaeth. Dewisais Gerddoriaeth, ac un o hanfodion arholiad y CWB bondigrybwyll oedd dysgu ar y cof sol-ffa pedair, os nad pump o alawon Cymreig, a'r Dr David Evans ei hun yn dod i Ysgol Brynrefail ar fore Sadwrn i wrando ar doreth o ddisgyblion yn canu'r alawon yn ôl dewis Dr Evans. Ar y bore Sadwrn bythgofiadwy hwnnw a heb gysgu winc y noson cynt, eisteddwn yn yr ystafell ddisgwyl. I mewn o'm blaen aeth un bachgen oedd wedi hen arfer canu, yn gystadleuydd eisteddfodol ac o'r herwydd yn llawn hyder. Yna dyma alw arnaf i: 'Wnewch chi solffeuo "Breuddwyd y Frenhines" os gwelwch yn dda?'

Rhoddodd Lewis Jones, yr athro Cerdd, y cord dechreuol i mi, ond ni fedrwn gael nodyn allan, dim byd ond gwynt. Ymgais arall eto dim ond gwynt. Rhy nerfus wrth reswm.

'Ewch i nôl y bachgen oedd yn canu o'i flaen e', meddai'r arholwr.

Wedi dod â Cledwyn i sefyll wrth fy ochr a gorchymyn iddo gychwyn canu gyda mi, ond iddo roi gorau i ganu pan oedd Lewis Jones yn taro ei ysgwydd, dyma fentro ymlaen. Bu'r awgrym yn llwyddiant, gorchfygwyd fy nerfau a ffwrdd â fi fel David Lloyd drwy'r gân. Ni fu raid cael help Cledwyn gyda'r ddwy alaw arall chwaith, ac yn wir rhoddais ddigon o foddhad i'r Dr David Evans iddo gynnwys fy enw ymysg y rhai llwyddiannus.

Roedd athrawon diguro ymysg staff ysgol sir Brynrefail, a dro ar ôl tro clywaf gyd-ddisgyblion yn cydnabod mor ffodus yr oeddem o gael athrawon fel Robert Morris, Gwyneth Evans, Catherine Evans, Ieuan James, David Jones, Powell Jones a laddwyd yn y Rhyfel, i enwi ond y rhai y byddwn i yn dilyn eu gwersi. Ac o sôn am Ieuan James, deheuwr dros chwe throedfedd gyda dwylo fel rhawiau, cofiaf un bachgen o Lanberis yn mentro rhoi ei law i fyny un prynhawn a'r glaw ar fin difetha'r gwersi chwaraeon oedd i ddilyn.

'Ie, Llywelyn Hughes?'

'Plîs, Mr Games, gawn ni James?'

Ni raid dweud i Llew druan dderbyn nerth llaw chwith Mr J. ar ei wegil a ninnau'r gweddill yn gwenu'n braf. Ond ofnaf na fyddai Mr James yn fy nghynnwys i ymysg ei lwyddiannau ar bwnc llawer rhy ddyrys i mi, sef Ffiseg.

Emrys Thomas oedd y prifathro, gŵr oedd â chefndir academaidd hynod. Saesneg oedd yn siarad gan amlaf er ei fod yn deall Cymraeg, ac yn iaith y nefoedd y siaradai â William John, y siopwr lleol, a ofalai er gwaethaf y dogni fod Mr Thomas wrth ymweld â'i siop yn ymadael â bocs yn weddol lawn o fwydydd prin y dyddiau hynny. Onid oedd Mr Thomas yn Major yn yr *Home Guard* a'r hen William John yn *Quarter Master Sargeant* yn gyfrifol am fwydo'r dewrion oedd yn barod i warchod pobol Brynrefail rhag y gelyn?

Arferai Mr Thomas roi ambell wers Saesneg i ni, yn amlach na pheidio gwers sillafu fyddai honno, a phob tro byddai'n ofynnol i ryw greadur sillafu 'Czechoslovakia', gwlad oedd yn y newyddion yn aml yn nyddiau'r rhyfel.

Gan mai cyfnod y rhyfel oedd y dyddiau hynny a bwyd yn brin, penderfynodd y prifathro aredig darn o gae'r ysgol a bod bechgyn gwahanol ddosbarthiadau yn gyfrifol am blannu tatws er budd i'r ysgol. Doedd y dasg honno ddim yn boen i amryw o hogia ffermydd oedd yn yr ysgol, a nhw yn amlach na pheidio fyddai'n rhedeg y sioe fel petai, er mai 'Alan Titchmarsh' y prosiect oedd yr athro Cemeg, W. Glynne Jones, a oedd hefyd yn swyddog yn yr *Home Guard* ac yn galw yn siop W.J. pan deimlai y byddai'n lles iddo wneud hynny. Clywais iddo ddweud wrth William John unwaith ei fod o'n dipyn o awdurdod ar y bytaten!

Cân yr ysgol oedd *Forty Years On,* cân a ddewiswyd gan Emrys Thomas y prifathro, a chân un o ysgolion bonedd Lloegr:

> *Forty years on, when afar and asunder*
> *Parted are those who are singing today,*
> *When you look back and forgetfully wonder*
> *What you were like in your work and your play.*

Nid yw bellach ar wefusau plant Ysgol Brynrefail, sydd erbyn hyn wedi ei lleoli ym mhentref Llanrug ond yn dal i gadw'r hen enw, a hynny am i griw ohonom bwyso ar yr awdurdodau yn y swyddfa addysg yng Nghaernarfon flynyddoedd yn ôl mai dymuniad y cyn-ddisgyblion oedd galw'r ysgol yn 'Ysgol Brynrefail'. Chwarae teg, ni fu unrhyw wrthwynebiad i'n dymuniad.

Roedd un handicap, chwedl Ifas y Tryc, o fod yn ddisgybl yn yr ysgol sir leol a byw ym Mrynrefail. Arferai amryw o'r athrawon fyw yn ystod yr wythnos yn y pentref, o reidrwydd os cofiaf yn iawn. Canlyniad hyn oedd, os caech eich gweld allan ar y stryd gyda'r nos, i ambell athro ofyn yn yr ysgol drannoeth: 'Roeddach chi allan yn hwyr neithiwr, doedd gennych ddim gwaith cartref i'w gyflawni?'

Ond ni ellir anghofio ymweliad blynyddol tri pherson nid anenwog i ysgolion gramadeg Sir Gaernarfon a thu hwnt am wn i, sef Constance Izzard, Patrick Piggot, ac un arall na chofiaf ei henw, y tri wrth gwrs yn aelodau o'r enwog, ond nid yr hoffus, *Bangor Trio.*

Arferai'r triawd llinynnol ymweld â'r ysgol ac roedd gorfodaeth ar y disgyblion i eistedd yn llonydd a rhoi cymeradwyaeth wresog ar derfyn pob cyflwyniad. Ofnaf y byddai'r gymeradwyaeth fwyaf gwresog i'r bachgen o Dan-y-coed – sydd erbyn hyn yn weinidog parchus gyda'r Methodistiaid Calfinaidd, a arferai gario 'stand' dal copïau'r triawd i'r ystafell, gyda'r prifathro yn edrych yn hynod o sarrug. Mae'n siŵr fod rhywrai wedi mwynhau ymweliadau'r *Bangor Trio*, ond nid y fi mae'n rhaid cyfaddef.

Bu i un arferiad o'm heiddo ddwyn clod hollol annheilwng i mi, a hynny oedd gorffen traethawd neu ddarn o ryddiaith yn fwriadol gyda'r gair 'excellent', ond gofalu ei sillafu yn 'exellent'. Yn ddi-feth, byddai'r athro yn rhoi pensil goch drwy'r camsillafu ac ysgrifennu 'excellent' wrth ei ochr. Byddwn innau wedyn yn dangos i'm ffrindiau fod fy ymdrech wedi cael y clod mwyaf posib!

Ond gwahaniaethu rhwng yr *active* a'r *passive voice* bondigrybwyll fyddai'r bwgan mawr. Heddiw ni allaf innau, fel cannoedd o ddisgyblion eraill a fu o dan ddylanwad yr athro Saesneg arbennig hwnnw, Robert Morris, a arferai gicio ei feic mawr a thrwm yn ddyddiol ac ym mhob tywydd o Lanberis i Frynrefail, ond cofio dan wenu bellach rai o'i ddywediadau bachog: 'Gwrandwch, yr unig beth newch chi basio, machgan i, ydi Pont Pen-llyn ar ych ffordd i'r ysgol 'ma'.

Dro arall, estynnai ei oriawr o boced ei wasgod, edrych arni a chyhoeddi yn hollol seriws wrth y dosbarth . . . 'Only three weeks to the Central Welsh Board'. Ac yna rhoi'r oriawr yn ôl ym mhoced ei wasgod. Gŵr yr oedd pawb, ie pawb, yn ei barchu a'i hoffi oedd Robert Morris.

Safwn un bore ger y fynedfa a arweiniai i'r hen ysgol sir ym Mrynrefail, a pheiriannau o eiddo contractwyr o gyffiniau Bangor yn amlwg yn mwynhau malurio a dymchwel y muriau a godwyd drwy haelioni'r ardalwyr gynt er gwaethaf eu tlodi. Roedd sefyll yno yn deimlad ysgytwol a dweud y lleiaf, yn syllu'n flin ar freichiau hir dideimlad sawl J.C.B. melyn yn ceisio profi eu gallu diamheuol i ddinistrio talp go lew o hanes y pentref.

Ond nid felly'r oedd hi'n llwyr, gan na chwalodd yr anghenfil swnllyd yr un atgof oedd yn llechu'n swil o hyd yng nghrombil y tomennydd o gerrig a llechi, y trawstiau a'r mortar hen.

Clywn sŵn traed ugeiniau o blant yn troedio'r grisiau cerrig i grombil yr ysgol a'r gloch a oedd yn rhan annatod o fywyd dyddiol pentref Brynrefail yn dal i atseinio'n freuddwydiol.

Pennod 4

Dyddiau Difyr

Roeddem ni blant yn gwneud yn fawr o bob eiliad o'r gwyliau ysgol a phob pen wythnos. Yn wir, defnyddio'n dychymyg i ddifyrru'n hunain oeddem nes peri i mi ofyn tybed a ydyw plant heddiw yn drachtio'r un pleserau ag yr oeddem ni? O sylwi fod y pleserau cyfoes bron yn ddi-feth yn cael eu cynnal yn y tŷ uwchben rhyw beiriant neu'i gilydd, mae'n amheus gen i a geir yr un pleserau ag a gawsom ni. Onid oedd Parc Fachwen yn lle bendigedig i ni ddychmygu mai ni oedd Jesse James neu Butch Cassidy ac yn dyfal adeiladu cytiau o frigau coed a rhedyn, cytiau a oedd yn foddion i ni weld pawb a phopeth o'n cwmpas, a phan ddôi'r Indians crynedig dros graig Ty'n Twll a gweirglodd Rhydau Duon roedd Jesse a'i griw yn barod amdanynt. Dyddiau i'w trysori.

Yn byw ym Mrynrefail bryd hynny – yn nhridegau a phedwar-degau'r ganrif ddiwethaf – roedd dau gymeriad a oedd efallai yn wahanol i'r gweddill o drigolion y fro. Rywsut fe ddaeth gwylio'r ddau yma yn rhan amlwg o'n pleserau ni'r hogia, yn wir edrychem ymlaen at dreulio oriau o'n gwyliau ysgol – yn ddiarwybod i'r ddau, wrth reswm un ai yn disgwyl amdanynt yn ein cytiau o redyn a dail ym Mharc Fachwen neu yn eu dilyn o hirbell. Yn wir, roedd y gwylio hwn wedi datblygu'n gêm neu elfen o chwarae mig a roddai oriau o bleser i ni'r bechgyn, oedd o bosib yn ceisio dynwared sawl arwr o'r Gorllewin Gwyllt a welwyd ar sgrin fawr y sinema o dro i dro.

Heb os roedd y ddau yn creu cryn ofn arnom ni'r plant. Yn y Gors Bach y trigai John Williams, John Jac Bach neu John Dee i rai, a Llwyn

Celyn oedd cartref John Henry Davies, 'John Hens' ar lafar gwlad. Unwaith yn unig y bûm y tu mewn i dŷ John Williams, gan na châi neb fel arfer roi ei droed dros riniog drysau'r un o'r ddau gymeriad. Cofiaf fod y gegin yn y Gors Bach yn hynod dywyll a hynny, mae'n debyg, am fod coeden ddrain yn yr ardd o flaen y ffenestr. Un o'i ddyletswyddau dyddiol fyddai tramwyo'r caeau a'r ffriddoedd a Pharc Fachwen i gasglu defnydd i gynnau tân yn y grât hen ffasiwn ar ei aelwyd. Anaml iawn y byddai'n torri gair â neb, oddigerth Dan y crydd â oedd â'i weithdy y drws nesaf. Er bod gan y plant i gyd ei ofn nid oes gennyf gof iddo wneud niwed i neb. Ei ymddangosiad blêr a di-raen oedd yn creu'r ofn gan mai yn anaml iawn y byddai'n ymolchi na shafio. Heb os, roedd yr hen John Jac Bach yn ddirgelwch hudolus iawn i mi. Ble claddwyd yr hen greadur, 'sgwn i?

Gŵr y dirgelion oedd John Henry Davies hefyd. O dro i dro ymlwybrai yntau i Barc Fachwen lle'r oeddem ni'r hogia yn ein cwt o redyn a brigau yn gwylio'i symudiadau yn ddiarwybod iddo. Âi i un o siopau'r pentref o bryd i'w gilydd, ond heb ddweud gair wrth neb ond y siopwr. Yn amlach na pheidio, cerdded stryd y pentref yn nhywyllwch nos ac oriau cynnar y bore y byddai John Hens, ond chlywais i neb yn cwyno am y pererindodau anarferol hynny.

Cymeriad diddan arall oedd Dan Williams y crydd, a arferai gerdded o bentref Cwm-y-glo yn ddyddiol ym mhob tywydd i'w weithdy yn y Gors Bach. Cyfrannodd Dan yn hael i goffrau W. D. & H. O. Wills gan ei fod yn smociwr o'r radd flaenaf a mwg y sigarennau a'r mwg taro a ddisgynnai yn gymylau cyson o'r hen grât yn llenwi ei weithdy. Rwy'n siŵr na chafodd y simdde honno erioed ei llnau! Roedd Dan druan, a ninnau a fyddai'n ymweld â'i weithdy dwy ystafell o dro i dro yn pesychu'n ddi-stop. Yn wir, prin y medrai Dan orffen brawddeg heb besychu'n boenus. Ond roedd yn gymeriad hoffus dros ben a bu'n gyfrifol am ofalu'n ddiwyd am draed pobol Brynrefail a thu draw am flynyddoedd lawer. Crefftwr angenrheidiol at wasanaeth pob chwarelwr a'i sgidia hoelion mawr oedd Dan Williams, smociwr, rhegwr a chrydd penigamp.

Rhaid cofnodi, a hynny mewn cywilydd erbyn hyn, y byddem yn

chwarae tric digon sâl ar yr hen Dan, drwy gerdded yn ddistaw i fyny'r to un llawr a gosod llechen ar gorn simdde ei weithdy. Does dim angen dweud y byddai holl regfeydd yr iaith yn ymgolli yn y mwg a fyddai yn sgil ein gweithred yn llenwi'r gweithdy.

Fy ffefryn ar wahân i'r *Cowboys and Indians* oedd y gêm 'mochyn cap'. Roedd angen gosod rhes o gapiau – un ar gyfer pawb oedd yn chwarae – ym môn y clawdd ac yna byddai'r cystadleuwyr yn sefyll yr ochr arall i'r ffordd a phawb yn ei dro yn bwrw pêl at y capiau, gan ofalu peidio â rhoi'r bêl yn ei gap ei hun. Byddai'n ofynnol i berchennog y cap yr aeth y bêl iddo redeg ar draws y ffordd, a chodi'r bêl o'r cap a'i bwrw at y gweddill fyddai wedi rhedeg draw. Os llwyddech i daro unrhyw berson, yna rhoddid carreg yn ei gap. Os methu taro, yna rhoddid carreg yng nghap y taflwr hwnnw. Wedi cael tair carreg yn eich cap byddech allan o'r gêm.

Yn ystod y gaeaf byddai *knock doors* yn mynd â'n bryd, ac os caem ein hadnabod a'r stori yn mynd adref, yna doedd dim amdani ond andros o ffrae a'r wialen fedw, na wnaeth fawr o ddrwg i mi a bod yn onest, rhywfaint o les efallai, pwy ŵyr?

Chwarae *London* fyddai'r genod drwy neidio ar un goes o un sgwâr i'r llall, ond un gêm fyddai'n uno'r hogia a'r genod oedd *stroke the rabbit*. Uno am y byddai'r bechgyn a'r genod yn cuddio efo'i gilydd ac yn aml rhoi cyfle i'r bachgen ddod i 'nabod' yr eneth yn well! Byddai un person yn ei dro yn pwyso â'i dalcen ar bolyn teleffon neu bolyn trydan ac un llaw ar waelod ei gefn. Yna byddai'r gweddill yn sefyll yn hanner cylch o'i gwmpas gan gydadrodd y canlynol – yn Saesneg am ryw reswm:

'*Stroke the rabbit, stroke the rabbit Who will touch?* '

Yna, byddai un o'r criw yn taro llaw'r person oedd â'i dalcen ar y polyn a hwnnw yn ei dro yn enwi'r un a gredai ef a drawodd ei law.

'*How far must he go?*'

'At y bont', yn Gymraeg fyddai'r ateb.

'*Fast* ' ta '*slow?*'

Yn amlach na pheidio, byddai rhyw arwydd wedi ei roi i ddweud 'slow' er mwyn i sawl cwpl fyddai yn mynd i guddio gael amser i ddod yn 'gyfeillgar'.

Yna byddai pawb yn gwasgaru ar frys i bob cyfeiriad i guddio a thasg yr unigolyn fyddai canfod o leiaf un o'r criw ac yna rhedeg yn ôl at y polyn a'i daro gan weiddi 'tic'. Wrth gwrs, pe byddai'r person â'i dalcen ar y polyn yn enwi'r sawl a gyffyrddodd ei law yn gywir, hwnnw fyddai'n gorfod chwilio.

Waeth cyfaddef ddim i lawer sesiwn o garu gychwyn rhwng genod a hogia Brynrefail bryd hynny, yn enwedig pan benderfynwyd yn bwrpasol a thactegol mai *slow* oedd y chwilio i fod mewn ambell gêm o *stroke the rabbit!*

Arferwn gael ychydig o bres poced drwy hel mwyar duon a'u gwerthu i Derlwyn Jones, perchennog siop ffrwythau yng Nghaernarfon a arferai ddod efo'i fan i'r pentref ganol yr wythnos, a phawb efo'i dun o fwyar duon yn ei ddisgwyl. Rhaid cydnabod mai fi gâi leiaf o bres ganddo, a'r rheswm am hynny yn ôl ei dystiolaeth ef oedd bod mwy na hanner fy nhun bisgedi i yn ddail ac nid mwyar! Anaml y gwelaf blant heddiw yn hel mwyar duon. Pam,'sgwn i?

Yn ystod y blynyddoedd yma y dechreuais gael gwersi piano gan Robert Lloyd (Roberts), 'Ffrwd Alaw', bob nos Wener yn ei gartref, Bryn Hyfryd. Ni wnes i fwynhau'r profiad a hynny, o bosib, am fod hogia'r pentref yn gweiddi tu allan ac yn gofyn pa bryd roeddwn am orffen er mwyn ymuno â nhw i chwarae pêl-droed.

Roedd Robert Lloyd yn gyfansoddwr yn ogystal, ac yn wir yn ôl erthygl a ymddangosodd yn 'Y Cymro' arferai gyfansoddi tôn bob dydd. Ni wn ai gwir y stori ond arferai un neu ddau ddweud iddo alw un dôn yn 'Bronchitis' am iddo gyfansoddi'r dôn honno tra oedd yn ei wely yn dioddef o'r aflwydd hwnnw.

Hanner coron oedd y gost am awr o ymdrechion aflwyddiannus Robert Lloyd i wneud Rachmaninov ohonof ac yn amlach na pheidio byddai deng munud o'r amser yn mynd i wrando ar ei gyfansoddiadau diweddaraf ef ei hun. Cofiaf i ddwy wraig alw i hel at y Gymdeithas Feiblaidd ac o fewn dim gwahoddwyd y ddwy i eistedd ar y soffa ym Mryn Hyfryd ac i glywed y *"Victory March"* roedd o wedi gyfansoddi yr wsnos honno. Dyna oedd cyfraniad Robert Lloyd i godi calon y werin yn ystod dyddiau tywyll y rhyfel, sef llunio alaw yn llawn o gordiau mawreddog a gwladgarol a fyddai wrth fodd Mr Churchill, mae'n siŵr!

Ond nid aiff enw Robert Lloyd yn angof gan y bu canu cyson ar un o'i alawon, sef 'Hiraeth y Cymro', a'r geiriau 'Trigo'r wyf mewn gwlad estronol', a gyfansoddwyd gan Neli Holland o Lanberis. Byddai hon yn cael eu canu a'u dyblu bob nos Sadwrn ar y bŷs deg o Gaernarfon i Lanberis. 'Sgwn i pam nad yw'n apelio bellach ac nad yw ar raglen rhyw gôr neu'i gilydd?

Ond chwarae pêl-droed a chriced oedd fy hoff bleserau a byddem ni'r hogia yn mentro – efallai mai meiddio ddylwn ddweud – chwarae ar gae mawr yr ysgol sir ar dir Brynderw. Dro ar ôl tro, fe glywid y floedd 'Lwc owt, ma'r hen gêr yn dŵad'. Yr 'hen gêr' oedd ein llysenw ni ar William Williams, gofalwr yr ysgol, a gymerai ei ddyletswydd o gadw plant y pentref rhag chwarae ar erwau cysegredig Brynderw yn hynod ddifrifol.

Ond, er gwaethaf William Williams, byddem yn defnyddio cae'r ysgol sir i'n dibenion ni yn gyson iawn. Trannoeth wedi'r Nadolig cynhelid gêm bêl-droed flynyddol o gryn bwys, pan fyddai tîm o wŷr priod yn herio'r llanciau di-briod. Digwyddiadau fel hyn fyddai'n creu'r agosatrwydd a fodolai rhwng teuluoedd Brynrefail bryd hynny.

Fel y crybwyllwyd, roedd dwy siop ym Mrynrefail, sef siop William John (Hughes) a siop Gwilym y barbar yn ogystal â'r llythyrdy.

Roedd William John yn gymydog i ni yn Glanffrwd, y teulu wedi dod i Frynrefail o Benmaen-mawr wedi i fy modryb a f'ewythr roi'r gorau i gadw'r siop groser. Roedd pedwar yn y teulu, sef William Hughes y tad a oedd, yn ôl yr hysbŷs ar ffenest uchaf yr adeilad, yn 'Joiner & Undertaker'. William John y mab oedd y giaffar a dyn y siop, gyda chynhorthwy ei chwaer Mary, dynes hynod o glên, ac un chwaer arall, sef Katie, oedd hefyd yn gyfeilyddes. Becar oedd William John yn 'Pen' fel y byddai'n cyfeirio at Benmaen-mawr bob amser, a daeth y teulu i Frynrefail ar ddiwrnod y *Grand National*. Fe brynodd William Hughes ddarn o weirglodd Ffrwd Goch a'i gau allan efo weiran *netting*. Ar y llecyn hwnnw byddai'n magu ieir a gwerthu'r wyau yn y siop. Am iddo ddod ar y diwrnod arbennig hwnnw a chan ei fod yn cadw ieir, fe'i bedyddiwyd gan rai o'r pentref yn 'Joci Ieir'.

Yn ystod blynyddoedd y rhyfel roedd William, fel hen soldiwr, wedi ei apwyntio'n *Quartermaster Sargeant* yr *Home Guard* ac yn gyfrifol am storfa platŵn y pentref. Yn sgil hyn roedd yn gyfaill i brifathro'r ysgol sir leol, sef (Major) Emrys Thomas; o bosib mai rhyw drefniant hwylus i ddiwallu ei anghenion oedd hwn ar ran y Major mewn cyfnod o ddogni bwyd.

Byddai plant yr ysgol sir yn galw yn siop William John yn gyson bob amser cinio i brynu darn o dorth a phethau angenrheidiol eraill. Ambell dro byddai un neu ddau yn trio bod yn glyfar efo'r hen William, a chofiaf glywed stori am blentyn yn gofyn, 'Sgynnoch chi bâr o gria welingtons, plîs?'

Ateb W. J. oedd, 'Nagoes, mi ydwi wedi rhedeg allan ohonyn nhw, disgwyl rhagor dydd Iau'.

Wrth reswm, roedd popeth yn brin yn ystod blynyddoedd y rhyfel ond William John oedd yr unig siopwr y gwyddwn i amdano oedd yn tynnu papur oddi ar orennau er mwyn ei ddefnyddio i lapio becyn a ham ferwi. Mi rydwi'n cofio mynd i'r siop i nôl 'Tincture Riwbob', un o'r moddion a gadwai mewn hen gwpwrdd tywyll yng nghefn y siop.

'Gwerth faint wyt ti isio?'

'Gwerth chwe cheiniog, plîs.'

Yna, gyda'r botel fawr yn un llaw a fy mhotel fechan innau yn ei law arall, tolltai Wiliam John yr hylif yn ôl a blaen am hydoedd nes o'r diwedd fodloni ei hun fod gwerth chwe cheiniog, a dim diferyn yn fwy na hynny yn fy mhotel fach i.

Enillwyd ambell geiniog drwy fynd efo Ioan Roberts, y cigydd lleol o'r Fachwen, o gwmpas pentrefi'r fro – Nant Peris ran amlaf. Byddwn hefyd yn cynorthwyo Mr Sharp o Gwm-y-glo, neu *W. G. Sharp, Newsagent*, i roi'r enw swyddogol oedd ar y bocs gwyrdd oedd yn sownd yn ei feic tair-olwyn. Byddai traed enfawr Mr Sharp yn gwthio'r pedalau wrth fynd o fan i fan a minnau'n bwn ychwanegol yn eistedd ar gaead y bocs gwyrdd a ddaliai'r comics a'r papurau newydd, amryw ohonynt nad ydynt yn bod mwyach. Pen ôl go boenus oedd gennyf o eistedd fel hyn ar drelar beic Mr Sharp.

Byddwn hefyd yn cario dau biser o lefrith bob bore, cyn brecwast, o fferm Brynderw i gegin yr ysgol sir, a chan fod clawdd o bileri llechi (sydd yno o hyd) yn gallu bod yn dipyn o rwystr ambell fore, doedd y cyflenwad o lefrith ddim cweit yr un pan gyrhaeddwn y gegin a phan gychwynnais o Frynderw. Am y dasg ddyddiol hon a mynd a dau biser yn ôl wedi'r ysgol, fe gawn hanner coron bob nos Wener, a hynny yn fy ngalluogi i fynd gyda dau o'm ffrindiau i sinema Llanberis ar y nos Sadwrn cyn cael boliad go dda o sglodion ac un sgodyn wedi'i rannu rhwng y tri ohonom. Dyna beth oedd gwledd, er gwaethaf cerydd Mrs Foulkes Brynderw oherwydd imi golli peth o'r llefrith.

Roedd mwy nag un comic yn dod i'm cartref ond y ddau wythnosolyn a roddai andros o bleser i mi oedd y *Children's Newspaper* (Arthur Mee) a'r *Topical Times* a oedd yn canolbwyntio'n llwyr ar bêl-droed. Credaf fy mod yn gywir yn dweud nad oes yr un o'r ddau yn bodoli heddiw. Roedd y *Children's Newspaper* yn gyforiog o bob math o newyddion a'i gynnwys yn ennyn fy awydd i ddarllen. Heb os, fe ddysgais lawer o'r cyhoeddiad hwn gan fod ei gynnwys nid yn unig yn ddifyr ond hefyd yn hynod gynhwysfawr.

Neilltuid un tudalen yn y *Topical Times* i ddyddiadur pêl-droediwr proffesiynol a ddefnyddiai enw ffug. Ar y pryd roedd *Commandos* y Fyddin yn gwersylla yn Llanberis ac un a ofalai am ffitrwydd y milwyr oedd (Sgt) Willie Cook, cefnwr tîm enwog Everton a'r Iwerddon. Credwn yn sicr o ddarllen y dyddiadur o wythnos i wythnos mai Willie Cook oedd yr awdur, ac un bore Sadwrn, ac yntau ar fin cychwyn ar ei daith i'r Cae Ras yn Wrecsam fel chwaraewr gwadd i'r tîm yno – fel y caniateid adeg y rhyfel – dyma fi'n magu digon o blwc i fynd ato a gofyn ai ef oedd y gŵr a adroddai'r hanes wythnosol yn y *Topical Times*?

Cyfaddefodd mai ef oedd y gŵr hwnnw ac wrth gwrs roeddwn innau ar ben fy nigon, ac wedi cael ei lofnod neidiais ar gefn fy meic ac am adref yn wên o glust i glust. Roedd ailadrodd yr hanes fore Llun yn yr ysgol yn destun o gryn ddiddordeb i amryw oedd fel fi wedi mopio ar bêl-droed. Pam lai, onid e?

O sôn am y Cae Ras yn Wrecsam, cofiaf fynd yno yn 1950 yn un o griw ar fws Robin Huw, Rostryfan i weld Cymru'n chwarae Gogledd Iwerddon a John Charles yn chwarae ei gêm gyntaf i'w wlad. Roeddwn wedi bod mor hy ag anfon llythyr i'r enwog Trefor Ford, blaenwr Cymru, i ofyn tybed a oedd modd iddo gael dau docyn i mi i'r eisteddle. Rwy'n gwrido heddiw o feddwl am y fath hyfdra.

Roedd y gêm ymlaen yn hwyr y prynhawn os cofiaf yn iawn, ac er disgwyl yn hyderus bob bore cyn y gêm, doedd yr un llythyr gan Trefor Ford yn dod i'n tŷ ni. Cofiaf i mi a'm ffrind sefyll yn hynod sigledig ar ddwy fricsan drwy'r gêm yng nghefn tyrfa'r Cae Ras.

Ond och, pan ddychwelais adref yn hwyrach yn y noson, beth oedd ar y bwrdd ond llythyr gan Trefor Ford – a dau docyn am ddim i'r eisteddle!

Fe brofais innau oriau pleserus, wedi i mi dyfu i fyny yn chwarae i wahanol dimau pêl-droed yng Nghyngrair Caernarfon a'r Cylch – Llanberis, ail dîm Caernarfon, Talysarn a Bethel. Mae'n anodd dweud a yw'r ffaith i mi chwarae i bedwar tîm yn golygu nad oeddwn fawr o chwaraewr ynte a oedd y timau eraill yn ysu am fy ngwasanaeth – y cyntaf o bosib!

Yr anrhydedd mwyaf a ddaeth i'm rhan oedd chwarae dros Gymru mewn cystadleuaeth bêl-droed ryngwladol i aelodau lluoedd arfog Cairo a'r cyffiniau yn 1945, tra oeddwn yn gwasanaethu gyda'r RAF yn yr Aifft.

Pennod 5

O Padgate i Heliopolis

Cofiaf yn glir y diwrnod y bu i'r Ail Ryfel Byd dorri allan ym Medi 1939 ac mae geiriau'r Prif Weinidog, Neville Chamberlain, yn dal ar fy nghlyw, *'and so this country is at war with Germany'*.

Ychydig feddyliais, fel miloedd eraill, y câi'r datganiad hwnnw gymaint o ddylanwad ar fy mywyd. Roedd fy nhad, fel y soniais, wedi'i glwyfo yn y Rhyfel Cyntaf pan oedd yn aelod o'r Ffiwsilwyr Cymreig. Yn 1940 gwirfoddolodd i fod yn un o ddau warden yr ARP (Air Raid Precautions) ym mhentref Brynrefail. Un o'i ddyletswyddau gyda'r nos, ar ôl diwrnod o waith yn chwarel Dinorwig, oedd cerdded y pentref efo'i gyfaill John Lewis, a helmed ar ei ben i wylio rhag bod unrhyw un o'r pentrefwyr yn dangos goleuni fyddai'n denu awyrennau'r Almaen pan fyddent yn hedfan heibio ar ei ffordd i fomio Lerpwl, yn ôl yr eglurhad a roddwyd i ni'r plant.

Ym mis Awst 1943 a minnau newydd gwblhau fy mlwyddyn gyntaf o'r 'Higher' bondigrybwyll yn yr ysgol sir, derbyniais lythyr gan yr awdurdodau yn fy hysbysu fy mod bellach o fewn oed ymuno â'r Lluoedd Arfog. Wedi ymchwiliad meddygol yng Nghaernarfon, ymunais â'r Awyrlu yn Padgate, ger Warrington, ble bûm am ddeufis neu ragor yn dioddef peth a elwid bryd hynny yn *square bashing*, sef martsio mewn step â phawb arall, trin gynnau a'u glanhau, plygu dillad fy ngwely mewn dull arbennig, glanhau botymau fy iwnifform nes eu bod yn sgleinio, dioddef rhegfeydd diddiwedd oedd yn newydd i hogyn diniwed o droed yr Wyddfa, ymateb i bob galwad gan y Corporal wrth iddo fo a'i gyfeillion geisio troi cannoedd ohonom ni, hogia digon di-glem, yn filwyr. Fe liniarwyd peth ar boendod y martsio diddiwedd gan mai'r Corporal oedd un o bêl-droedwyr enwog y dydd, Harry Johnson, canolwr tîm Blackpool a Lloegr. Hen foi iawn ar ben hynny.

Erys sawl atgof am Padgate, gwersyll y bu miloedd o fechgyn gogledd Cymru yn ei felltithio a'i glodfori bob yn ail. Yn sicr does dim modd anghofio'r smog afiach a arferai halogi'r awyr yn ddyddiol wrth i fwg o simneiau gweithfeydd yr ardal gymysgu â'r tarth. Ni ellir anghofio presenoldeb yr Americanwyr mewn gwersyll gerllaw, bob amser yn ei lordio hi yn neuaddau dawns Warrington ar nos Sadwrn, ac oherwydd eu hunanhyder di-ben-draw a'u dymun-iad cyson i ddangos pa mor ariannog oeddynt, nid oedd gennym ni, 'hogia swllt y dydd', ddim siawns i ennill serch yr un ferch yn y neuaddau a rhaid fu plygu i'r drefn.

Ar derfyn fy nghyfnod yn Padgate roedd yn ofynnol i mi ddewis pa grefft roeddwn am ei dilyn yn yr Awyrlu. Roeddwn wedi nodi ar y ffurflen wrth ymuno y carwn fod yn un o'r criw fyddai'n hedfan yr awyrennau, llywiwr (navigator) os yn bosib. Ond nid felly y bu. Yn ôl y profion a gefais roeddwn yn ansicr wrth geisio adnabod gwahanol liwiau, ac o'r herwydd doedd ond dau ddewis i mi yn ôl yr awdurdodau, sef bod yn blismon neu fecanic. Gan fod cyflog dyddiol mecanic yn saith swllt y dydd ar derfyn y cwrs, ac yn sicr doeddwn i ddim am fod yn blismon, cefais fy nerbyn i ddilyn cwrs o rai misoedd yn Squires Gate, ger Blackpool, a lletya mewn tŷ preifat yn Blackpool, ble'r oedd gwraig y tŷ yn amheus o bob Cymro, a hynny am fod un bachgen o dde Cymru a letyai yno ynghynt, yn tueddu i wneud dŵr yn ei wely! Ond roedd penwythnosau yn fwynhad pur gan y byddwn yn mynd i gae pêl-droed Blackpool oedd bryd hynny â chwaraewyr benthyg pur enwog yn y tîm, a neb yn fwy enwog na Stanley Mathews, Raich Carter, Peter Doherty a Stan Mortensen.

Ar y cwrs roeddwn yng nghanol bechgyn oedd wedi dilyn eu crefft mewn modurdai a mannau cyffelyb a'r rheini yn hynod gyfarwydd â *Whitworth* a *left hand thread*, a rhyfeddodau eraill na chlywais erioed amdanynt. Ond, coeliwch neu beidio, mi ddois innau ymhen amser i ddeall 'be oedd be', ac wedi misoedd o ymbalfalu mewn niwloedd technegol, bûm yn llwyddiannus ar derfyn y cwrs a chael fy nghydnabod bellach yn *Flight Mechanic, Engines*. Ond, yn bwysicach na dim, roeddwn i dderbyn saith swllt y dydd o gyflog yn lle'r swllt y dydd a dderbyniwn bob bore Gwener ers rhai misoedd.

Hysbyswyd fi fy mod felly i ymuno â sgwadron o awyrennau'r Halifax ar wersyll Melbourne, tu allan i ddinas Efrog. Bron bob nos arferai'r awyrennau mawr hynny hedfan dros wahanol fannau ar y Cyfandir a gollwng eu bomiau ar weithfeydd, rheilffyrdd, pontydd, ffatrïoedd a phriffyrdd a oedd o fudd milwrol i'r Almaenwyr.

Fy nyletswyddau oedd trin peiriannau'r awyrennau hyn, cyn ac yn dilyn eu cyrchoedd dros y Cyfandir ac roeddwn yn eithaf pryderus wrth wneud y gwaith hanfodol hwnnw. Gwyddwn fod bywydau'r bechgyn ifanc yn dibynnu ar ba mor ofalus roeddwn i ac eraill yn cyflawni'r gwaith ar y peiriannau a darnau eraill o'r awyren.

Wedi chwe mis yn Melbourne, fe'm symudwyd i swydd Lincoln – lle gwyntog ac oer iawn yn y gaeaf – ac yno bûm yn gweithio ar yr awyren sydd hyd heddiw yn denu parch ac edmygedd pawb a fu'n gwasanaethu yn *Bomber Command* yr Awyrlu, sef y *Lancaster*.

Ar wersylloedd Waddington, Scampton a Syerston yn 1944 a 1945 y dois wyneb yn wyneb ag erchyllterau rhyfel a breuder bywyd, wedi cyrchoedd bomio dros Hamburg, Dusseldorf, Ruhr, Cologne, Bremen, Essen a llawer man arall. Y cyrchoedd dros Berlin oedd yn amlach na pheidio yn gyfrifol am golledion sylweddol, a hynny nid yn annisgwyl, am fod pob dyfais bosib yno i geisio amddiffyn y ddinas. Gwaetha'r modd, ni ddaeth pob awyren yn ôl o'r cyrchoedd hynny, a phan oedd un o'r awyrennau roeddwn i ac eraill wedi bod yn ei thrin ac wedi bod ar ddyletswydd y noson cynt yn ffarwelio â'i chriw, yn un o'r rhai na ddaeth yn ôl yn oriau mân fore trannoeth, byddai pawb yn hynod ddigalon. Heb os roedd y *camaraderie* a fodolai rhyngom ni a wasanaethai ar y ddaear a'r saith gŵr gwrol oedd ym mhob un o'r awyrennau hynny yn elfen gref yn llwyddiant *Bomber Command* y dyddiau, ac yn enwedig y nosweithiau, cythryblus hynny.

Rywsut roedd bechgyn ifanc fel fi, amryw ond newydd adael yr ysgol, yn sydyn wedi dod yn ddynion gyda chyfrifoldeb enfawr ar ysgwyddau ifanc a dibrofiad. Cofiaf hefyd am y noson, neu'n hytrach y bore cynnar, ym mis Tachwedd 1944 pan fu awyrennau o'r sgwadron yn hedfan am *fjiord* ger Tromso yn Norwy i suddo un o brif longau rhyfel y Natsïaid, sef y *Tirpitz* oedd wedi suddo llu o longau masnach ym Môr yr Iwerydd. Roedd wedi bod yn llechu ers rhai misoedd ger Tromso nes ei chanfod gan yr Awyrlu yn Norwy. Bu rhaid i Wallis Barnes, y gŵr a fu'n gyfrifol am greu'r bom a ddefnyddiwyd ar gyrch ar y ddau argae, y Moehne a'r Eger, greu bom arbennig i dreiddio drwy'r dur arbennig oedd yn amddiffyn y *Tirpitz*.

Heddiw, drigain mlynedd a rhagor ers hynny ac yn nhawelwch Eryri, yn naturiol fe ddaw cyfnodau o feddwl ac o gofio am y dyddiau cythryblus hynny. Meddwl am deimladau'r bechgyn yn gweld awyrennau eu cyfeillion mynwesol yn plymio yn belen o dân i'r ddaear, golygfa a fyddai yn sicr o aros gyda hwy weddill eu hoes, faint bynnag fyddai hynny.

Ar nodyn ysgafnach, cofiaf fel y byddai'r tractor a'r llu o drelars y tu ôl iddo yn cario'r bomiau i'w gosod oddi tan yr awyren yn cyrraedd y fan lle'r oedd yr awyren roeddwn i'n gweithio arni. Cefais afael ar sialc ac ysgrifennais ar un o'r bomiau yn y Gymraeg, 'Twll dîn Mr Hitler.'

'*What in the hell does that mean Taff?*'

'*State secret, mate!*'

Ond heddiw yn nhreiglad y blynyddoedd ac o weld ar y teledu luniau o'r chwalfa a fu ar ddinasoedd a threfi'r Almaen, gyda miloedd ar filoedd o bobl ddiniwed wedi'u lladd, mae'n anodd dygymod â'r fath erchyllter, ond ni ellir anwybyddu'r ffaith i ddinasoedd Prydain hefyd ddioddef yn enbyd, mannau fel Coventry, Lerpwl, Plymouth, Abertawe a Llundain, i enwi ond rhai.

Cofiaf am yr awyrennau'n codi o'r gwersyll yn Lincoln ac yn anelu am Hamburg ac yn sgil y bomiau a ollyngwyd yno bu uffern go iawn, gyda'r ddinas yn llosgi a'r gwynt cryf a gododd yn cario'r tannau nes creu uffern chwilboeth, mil gradd o boethder, medd rhai.

Yn wir, yn seler un adeilad ble'r oedd y bobl ddiniwed yn llechu, bu farw pob un o'r pedwar ugain ac eithrio un ferch fach a achubwyd oherwydd fod nifer o blanciau pren wedi syrthio'n driphlith draphlith arni a chreu math o amddiffynfa rhag yr hunllef a'r uffern danbaid honno.

Am gyfnod byr wedi hynny bûm mewn Uned Gynhaliaeth yn Henlow, tu allan i Lundain, a dioddef bomiau'r V1 a'r V2 bon-digrybwyll a ddôi yn weddol gyson o Ffrainc i falurio Llundain. Cawn gyfle bob penwythnos i alw, ac yn aml i aros, yn y Clwb Cymraeg yn Gray's Inn Road yn Llundain. Dôi fy mrawd Ifan yno o'i wersyll yn y fyddin, ac yno hefyd y dôi rhai a ddaeth yn gyfeillion, fel Cyril Edwards, Dolwyddelan, o wersyll y Gwarchodlu Cymreig yn Surrey a Robert Gwynedd Crump o Flaenau Ffestiniog, a Tom Whitehead o Fethesda.

Heb os, penwythnosau i'w mwynhau oedd y rhai hynny a rhoddent dipyn o ysbrydoliaeth a hwb i rywun cyn troi yn ôl o'r awyrgylch Gymreig i'r gwersyll yn Henlow.

Roedd nos Sadyrnau i'w cofio yn y Clwb gydag adloniant gan gôr neu barti. Cofiaf weld David Lloyd yno ar fwy nag un achlysur, gan ei fod yn gwasanaethu yn y Gwarchodlu Cymreig, ac unwaith clywais ef a chyfaill – rwy'n credu mai Arthur Williams, Talsarnau, oedd y gŵr hwnnw – yn cyflwyno deuawd o'r gân 'On with the Motley', i gymeradwyaeth gynnes.

Ymhen blynyddoedd wedi hynny cerddwn gyda Gwenlli fy ngwraig ar faes yr Eisteddfod Genedlaethol yn y Rhyl yn 1953, a phwy eisteddai wrtho'i hun ar un o'r meinciau ond David Lloyd. Roeddwn yn ysu i fynd ato i'w holi a oedd yn cofio'r noson honno yn y Clwb Cymraeg yn Gray's Inn Road yn Llundain, ond roedd swildod yn drech na mi a mynd heibio wnaethom, er cryn edifarhau wedi hynny.

Arferai'r hen gyfaill John Ellis Williams, y dramodydd, fyw yn y Clwb er ei fod yn rhingyll yn y Fyddin a'r rheswm am hynny oedd bod John Ellis, drwy ddefnyddio'i ddawn ddiamheuol i ddarbwyllo, wedi dylanwadu ar ryw Gyrnol y byddai'n haws iddo drefnu ei wersi yn nhawelwch y Clwb yn hytrach nag mewn barics swnllyd. Ar y pryd roedd yn ddarlithydd yn Adran Addysg y Fyddin. Yn ogystal, er bod cwrw wedi'i ddogni yn ystod y rhyfel, canfyddodd John dafarn yn yr East End oedd â pheipen wedi ei chysylltu â rhyw fragdy neu'i gilydd, a'r cwrw o'r herwydd yn rhedeg yn ddi-dramgwydd. Gwrthodai ddweud ble'r oedd y dafarn honno, dim ond ef a gŵr o Bentir, ger Bangor, wyddai'r gyfrinach alcoholaidd honno.

Ymhen blynyddoedd wedyn, pan fyddem yn cwrdd ar feysydd gwahanol Eisteddfodau Cenedlaethol, ac yn wir aros yn yr un gwesty o dro i dro, byddem yn ailfyw'r dyddiau hwyliog hynny. Heb os, roedd John Ellis Williams yn dipyn o gês!

Yna, hysbyswyd fi fy mod i gael fy symud i wlad dramor. Yr Aifft oedd y wlad honno, ac wedi pigiadau lu, cychwynnwyd ar y daith hir. Am resymau gwahanol roedd y daith honno yn anarferol. Erbyn hynny, roedd y rhyfel yn Ewrop wedi dod i ben er bod rhannau o dde Ffrainc a fu o dan ddylanwad, Marshal Petain yn dal yn hynod wrth-Brydeinig, a buan iawn y bu i ni brofi hynny.

Wedi mynd ar y llong yn Newhaven a chroesi'r Sianel, trodd ein golygon am Dieppe yn Ffrainc, gyda milwyr ar flaen y llong yn barod i saethu'r *mines* a oedd o dro i dro i'w gweld ar ddyfroedd y Sianel. Wedi cyrraedd Dieppe yn ddidramgwydd, synnais o weld y fath ddifrod oedd ym mhobman. Yn Dieppe roedd trên arbennig yn ein disgwyl i'n cludo ar draws Ffrainc i Toulon, yn neheudir y wlad.

Roedd y daith honno yn un fythgofiadwy, er bod pob cerbyd o'r trên yn llawn i'r ymylon, a dim gwydr ar amryw o'r ffenestri. Roedd wyth ohonom yn y cerbyd, dau yn cysgu ar y llawr, dau ar y ddwy sedd, dau mewn plancedi wedi eu haddasu fel *hammock* o un gornel i'r llall, a'r ddau arall yn cysgu yn y *luggage racks* ar ôl cael eu strapio i mewn rhag iddynt ddisgyn. Yn ffodus neu'n anffodus, yno yn yr uchelfannau roeddwn i'n cysgu, wedi gwneud yn saff na fyddai angen i mi orfod mynd i'r toiled yn ystod y nos gan y byddai hynny yn amhosib gyda chwe chyfaill yn cysgu rhyngof a'r llawr!

Y bore trannoeth arhosodd y trên mewn rhyw fath o *halt* arbennig inni gael brecwast drwy garedigrwydd y Fyddin. Yn ogystal, roedd milwyr yn mynd o gwmpas i gasglu llythyron y dymunai unrhyw un eu hanfon ymlaen, ac yn naturiol roedd gen i lythyr i'w anfon i'm rhieni ym Mrynrefail. Yn sydyn dyma un o'r milwyr oedd yn casglu'r amlenni yn gofyn, 'Pwy sydd yn dŵad o Brynrefail?'

Roedd wedi sylwi ar y cyfeiriad ar yr amlen, ac wedi i mi ddeall mai bachgen o Fethesda oedd y milwr, cawsom sgwrs gwta yn Gymraeg, er mawr ddifyrrwch i'r gweddill, cyn i'r trên fwrw ymlaen am ddeheudir Ffrainc. Treuliasom bron i fis ar gyrion Toulon, pryd yr oedd dylanwad Marshal Petain yn gryf iawn, gyda'r canlyniad fod y bobl yn wrth-Brydeinig ac yn barod, pe dôi cyfle, i niweidio'r Prydeinwyr. Yn wir, nid oedd yn lle i fentro allan ar eich pen eich hun. Erbyn heddiw mae'r rhan hon o Ffrainc yn denu miloedd o bobl ariannog i dorheulo ar eu cychod drudfawr, amryw ohonynt o Brydain ac yn cael croeso mawr, ond nid felly roedd pethau ar derfyn 1945.

Ym mhorthladd Toulon roedd amryw o longau rhyfel llynges Ffrainc yn gorwedd yn ddiymadferth yn nyfroedd yr harbwr, pob llong wedi ei difrodi gan Wasanaethau Cudd y Gorllewin rhag iddynt gael eu trosglwyddo i'r Almaenwyr gan Petain a'i griw. Mae'r olygfa afreal honno yn aros yn fy nghof o hyd, a hefyd lesni Môr y Canoldir wrth i'r trên deithio ar hyd arfordir de Ffrainc.

Wedi'r cyfnod hwnnw yn Toulon, ymlaen am borthladd Port Said yn yr Aifft, ond galw ar y ffordd ym Malta am ddiwrnod ac yna i borthladd Piraeus yng ngwlad Groeg, a chyrraedd Port Said yn oriau mân y bore. Yna, trên i'n cludo i orsaf fawr Cairo ac mewn gwersyll gydag adeiladau modern tri llawr ar gyrion y ddinas hanesyddol y buom am bron i ddwy flynedd.

Heliopolis oedd y lle hwnnw. 'Helio' i bawb, sef 'Dinas yr Haul', lle hanesyddol dros ben, er na welodd awdurdodau'r Awyrlu yn dda i adrodd wrthym rywfaint o'r hanes hynod oedd nid yn unig i Heliopolis ond i'r Aifft yn gyffredinol. Yn wir, wedi dychwelyd adref y darllenais am hanes rhyfeddol Heliopolis, ac rwy'n dal yn ddig wrth awdurdodau'r Awyrlu na fyddem wedi cael ein diwyllio yn ystod ein harhosiad yn y Dwyrain Canol.

Farouk oedd brenin yr Aifft ar y pryd, gŵr nad oedd i bob ymddangosiad yn poeni nemor ddim am gyflwr truenus y mwyafrif o drigolion y wlad. Unwaith yn unig y gwelais y brenin yn ei Rolls Royce yn tramwyo gyda llu o gerbydau a milwyr i'w warchod. Yn ysblander Palas Abdin y trigai, gan wario cyfoeth y wlad i fodloni ei amryw bleserau. Doedd ryfedd i Nasser ac eraill ymhen blynyddoedd wedyn ddatgan mai digon oedd digon a'i daflu oddi ar ei orsedd.

Prif bwrpas ein harhosiad ni yn Heliopolis oedd casglu gweddillion awyrennau o arfordir gogledd Affrica a thrwy ryfedd wyrthiau wneud un awyren o'r gwahanol ddarnau. Yn sgil hynny, byddai llywodraeth Prydain yn gwerthu'r cyfryw rai i lywodraeth Ffrainc i'w defnyddio yn Indo-China.

Pan fyddem wedi gorffen gosod y darnau hyn yn un awyren, byddai'n ofynnol cario allan beth a elwir yn *test flight* neu'n hytrach *maiden test flight,* gan mai'r gwir oedd na fu'r awyren honno erioed yn yr awyr cyn hynny. Yn amlach na pheidio, peilotiaid o wlad Pwyl fyddai'r rhai fyddai'n gwneud yr arbrofion hynny, a byddai rhaid i un o'r *ground crew,* sef fi a'm cyffelyb, fynd i fyny gyda hwy. Gweithred i ddangos fod gennym ffydd y byddai'r awyren yn hedfan yn ddidrafferth oedd hyn, mae'n debyg. A bod yn onest, doeddwn i ddim yn or-hoff o'r weithred ddi-barasiwt hon gan y byddai'r gwŷr o wlad Pwyl yn cael andros o bleser yn hedfan yn isel dros y cychod a hwyliai'r Eifftiaid ar afon Nîl. Sefyll yn y cychod bychain gyda'u dwylo yn yr awyr yn melltithio'r awyrennau wnâi'r Eifftiaid ac oherwydd eu symudiadau yn peri i'r cwch droi trosodd a'u bwrw i ddyfroedd yr afon. Rhoddai hynny ryw bleser od i'r peilotiaid ond nid i mi na llawer o'm cyd-weithwyr. Y farn gyffredinol oedd mai *mad-hatters* oedd y Pwyliaid hynny.

Ar ddarn o dir diffaith ychydig lathenni o brif fynedfa'r gwersyll yn Heliopolis, roedd pydew wedi ei gloddio yn y tywod. Uwchben y pydew fe safai Arab yn derbyn arian gan bwy bynnag fyddai'n awyddus i gael rhyw gyda'r butain ifanc a orweddai yng ngwaelod y pydew. Roedd gorchymyn llym i aelodau'r Awyrlu nad oeddynt ar unrhyw gyfrif i gymryd rhan yn y gweithgareddau hyn gan fod peryglon amlwg fod modd cael afiechydon rhywiol. Ond yn nhywyllwch nos, roedd sawl un yn mentro i anwybyddu'r gorchymyn ac yn barod i beryglu ei iechyd drwy fentro i'r pydew.

Fy ffrind pennaf yng ngwersyll Heliopolis oedd Albanwr o'r enw Andy McLaren. Pêl-droediwr proffesiynol oedd Andy gyda chlwb enwog Preston North End, clwb yr ymunodd ag ef yn bedair ar ddeg oed o'i gartref yn yr Alban. Dychwelodd Andy i Brydain flwyddyn ynghynt na mi ym 1946 ac yn naturiol aeth yn syth i dîm cyntaf Preston, ac ymhen blwyddyn neu ddwy cafodd ei gap cyntaf i dîm yr Alban gan sgorio gôl yn Wembley a ddaeth â buddugoliaeth i'w wlad yn erbyn Lloegr. Darllenais mai gyda Tom Finney y byddai Andy yn rhannu ystafell wely pan fyddai Preston yn chwarae oddi cartref ac na feiddiai'r un ohonynt adael ei esgidiau y tu allan i ddrws y llofft i'w glanhau fel y gweddill o'r tîm – roedd ar y ddau ofn i rywun eu dwyn!

Daeth amlygrwydd arall i Andy wedi dod gartref. Fe gurodd tîm Preston North End dîm enwog Lerpwl o chwe gôl i ddim, ac Andy sgoriodd y chwe gôl. Mae'n amheus gen i a wnaiff unrhyw chwaraewr arall sgorio chwe gôl yn erbyn tîm Lerpwl!

Bob rhyw ddeg diwrnod, dôi'r ddyletswydd hynod amhoblogaidd honno o fod ar *guard* i ran y rhan fwyaf ohonom; golygai hyn warchod terfynau'r gwersyll oedd yn ymestyn allan ymhell i'r anialwch. Roedd dau ddull o warchod, sef eistedd wrth ochr dreifar Arabaidd mewn lorri fechan gyda gwn Sten yn pwyntio allan drwy'r ffenest, neu eistedd yng nghefn y lorri ddi-do, a thaflu golau'r lamp nerthol yma ac acw wrth drafeilio terfynau'r gwersyll. Golygai hyn filltiroedd o deithio hyd at derfynau gwersyll byddin yr Aifft yn Almaza. Erbyn heddiw, mae maes awyr enfawr ble'r oedd y gwersyll hwnnw.

Y dull arall o warchod eiddo Prydain oedd i ddau ohonom gerdded un hanner cylch o'r terfynau ar ein pen ein hunain gyda reiffl yn fodd i'n hamddiffyn. Byddem wedyn, yn ôl y 'King's Regulations' bondigrybwyll, yn cyfarfod ac yna'n trafod beth a welwyd neu nas gwelwyd. Byddai'r Arabiaid yn torri i mewn i'r gwersyll yn gyson drwy dorri'r weiren ddeuddeg troedfedd o uchder. Yn aml roeddynt wedi rhwbio olew dros eu cyrff fel ei bod yn amhosibl, pe byddech yn llwyddo i gael gafael ynddynt, i ddal arnynt gan y byddent yn llithro'n hawdd o'ch gafael. Dro arall, doedd fawr o ddillad amdanynt, dim ond trowsus cwta, sanau i gadw cyllell, a sandalau am eu traed.

Roedd mynwent fechan yng nghornel gwersyll Heliopolis lle claddwyd yr Arabiaid a saethwyd gan aelodau o'r Awyrlu yn dyst i'r misoedd lawer o wrthryfela a ddigwyddodd. Y gwir oedd nad oedd yr Arabiaid, heblaw'r rhai a gâi waith, cyflog a bwyd ar wersyll Helio a mannau Prydeinig cyffelyb, yn or-hoff ein bod ni, Brydeinwyr, yn gwersylla ar dir eu gwlad. Nid anogid unrhyw Brydeiniwr i fynd i Cario ar ei ben ei hun; yn wir, bu raid i mi fynd i'r ysbyty yno unwaith i drin tyfiant ar fy llygaid, ac er cael cerbyd yr RAF i fynd â fi yno, doedd dim ar gael i'm cludo yn ôl. A minnau ar un o strydoedd Cairo dyma'r seiren yn canu – arwydd i Brydeinwyr fynd am loches ar unwaith ac wrth lwc cefais fwynhau diogelwch yr YMCA nes ffonio am gerbyd i fynd â fi yn ôl i'r gwersyll.

Byddai Andy McLaren a minnau bob tro yn gwarchod gyda'n gilydd dros gyfnod o ddwy flynedd ac nid oes gennyf gywilydd cyffesu y byddem yn amlach na pheidio yn eistedd, yn weddol gyffordus o leiaf, oddi fewn i un neu ddwy o'r hen awyrennau a gludwyd o'r arfordir i Helio ac a osodwyd yn dwt yn un llinell ar ôl y llall ym mhellafoedd y gwersyll, y man a fedyddiwyd gennym yn 'Valley'. Gyda dau wn yn pwyntio allan drwy'r ffenest, fe deimlai Mac a minnau ein bod yn weddol ddiogel. Yna, fel y nesâi'r awr i'r cyfnod o warchod ddod i ben, tua dau neu bedwar o'r gloch y bore, ymlwybrai'r ddau ohonom, ar wahân wrth reswm, yn ôl at gwt y rhingyll.

'Seen anythin', Taff?'

'No nothing, Sarg.'

A dyna, wrth gwrs, fyddai ateb Andy yn ogystal!

Yn sgil yr oriau pryderus hynny ac ambell ymweliad â sinema awyr-agored yn Heliopolis, fe ddaeth Andy a mi yn dipyn o fêts, a phan aeth adref fe'm siarsiodd pan ddôi fy nhwrn i i fynd adref i ddod â sawl pâr o sanau sidan gyda mi i'w wraig. Roedd y rheini'n hynod, hynod brin ym Mhrydain ar y pryd, ond nid felly yn yr Aifft.

Heddiw, rwy'n gofidio na fyddwn fel un neu ddau o'm cyfeillion yn Helio wedi dal ar y cyfle i dreulio ychydig ddyddiau yn y mannau enwog hynny, sef Luxor a Dyffryn y Brenhinoedd. Fe welais y pyramidiau yn Giza droeon a hedfan uwch eu pennau o dro i dro.

Ym Mawrth 1947 gwawriodd y bore bythgofiadwy a hir-ddisgwyliedig – yn wir Dydd Gŵyl Dewi Sant – a chychwynnais innau ar y daith bleserus o anialwch yr Aifft i bentref bach Brynrefail yn Eryri. Wedi andros o storm ym Mae Biscay anelodd y llong am borthladd Lerpwl. Cofiaf godi yn blygeiniol ar y bore olaf i fynd i'r toiled a gofyn i un o griw'r llong ble'r oedd y llygedyn golau a welwn draw yn y pellter.

'That, my boy, is Port Lynas. We are awaiting the pilot on board to take us in to Liverpool'.

Geiriau bythgofiadwy a golau Cymru fach oedd y golau cyntaf a welais wedi dwy flynedd dramor. Teimlwn yn union fel y gwnes droeon o'r blaen wedi cyrraedd gorsaf Cyffordd Llandudno ar y trên i Gaernarfon erstalwm, 'Mi rydwi adra rŵan'.

Aros y penwythnos yng ngwersyll Lytham St Anne's fu fy hanes ac ar y Sadwrn anelu fy nghamre am Deepdale, cartref tîm pêl-droed Preston North End, a hanner dwsin pâr o sanau sidan o dan fy nghesail a gobaith o weld Andy McLaren wedi blwyddyn ar wahân. Yn ffodus, roedd Preston yn chwarae gartref yn erbyn Huddersfield Town. Eisteddwn yn yr eisteddle a chyda bonllef o gymeradwyaeth rhedodd hogia 'Proud Preston' i'r cae – enwogion fel Bill Shankly, y brodyr Beattie a Tom Finney ac, wrth gwrs, Andy McLaren na wyddai fy mod i'n eistedd yn y stand ac wedi cadw fy addewid. Daeth ton o falchder a rhyddhad trosof, waeth i mi gyfaddef ddim, o weld Andy unwaith eto.

Ar derfyn y gêm ymlwybrais tuag ystafell newid y tîm ac wedi adrodd fy neges wrth un o'r swyddogion, aeth yntau i mewn ac ymhen dim rhuthrodd Andy allan a'r ddau ohonom yn cofleidio'n gilydd. Wedi cael amser i wisgo, daeth allan drachefn a chefais fy nghyflwyno i'r enwog Shankly (capten y tîm) a Finney ac un neu ddau arall, ac Andy yn dweud wrth fy nghyflwyno, *'Taff was my mate in Egypt. He's on his way home to be demobbed.'* Rhoddais y pecyn sanau iddo a ffarwelio. Welais i mohono wedyn gan i ddigwyddiad hynod drist ddod i'w ran.

Byddwn yn dilyn ei yrfa a gweld ei enw yng ngholofnau chwaraeon y papur yn gyson. Yna diflannodd rywsut ac ysgrifennais innau at Tom Finney, oedd erbyn hynny yn un o gyfarwyddwyr tîm Preston North End, i holi hynt a helynt Andy.

Yn anffodus, ni fu i Tom Finney ateb fy llythyr ond cefais ateb i lythyr arall gan Gordon Milne, rheolwr Preston ar y pryd, yn dweud fod Andy wedi gadael y clwb. Dilynwyd hyn i gyd gan fisoedd o ddiffyg gwybodaeth. Yna fe urddwyd Tom Finney yn Farchog a gwelais innau gyfle arall, nid yn unig i'w longyfarch, ond hefyd i holi eto ble'r oedd fy nghyfaill Andy McLaren. Unwaith yn rhagor, anwybyddwyd fy llythyr gan Syr Tom Finney. Yna dywedodd rhywun wrthyf fod sianel arbennig ar Ceefax ar y teledu ar gyfer cynfilwyr oedd eisiau ailgysylltu â'u cyfeillion. Wedi canfod y sianel, anfonais air yn gofyn:

Will Andy McLaren, previously with Preston North End FC and who served in the RAF at Heliopolis, Egypt with Taffy Williams during 1945/46, please contact his old mate at this telephone number …

O fewn pedair awr ar hugain derbyniais bymtheg o alwadau, y rhan fwyaf o Sir Gaerhirfryn, yn dweud fod Andy wedi bod gyda thimau Sheffield United, Burnley a Barrow. Ond fe'm lloriwyd gan yr alwad olaf un. Galwad gan golofnydd chwaraeon y *News Chronicle* ym Manceinion oedd yr alwad honno.

'Mr Williams? You have been enquiring about Andy McLaren, your old mate in the RAF, I understand. I'm sorry to tell you that Andy died

as a result of a fire in his flat in Chorley some weeks ago. He was divorced and living on his own. I'm so sorry that I have to bring you such sad news.'

Roeddwn wedi fy syfrdanu. Un pwrpas i'm holi cyson amdano gyda Finney ac eraill oedd fy mod yn awyddus i ni gyfarfod unwaith eto a'i wahodd i'm cartref yn y Waunfawr am ychydig ddyddiau. Rwyf wedi gofyn i mi fy hun droeon, tybed pe byddai Finney wedi ateb fy llythyron a fyddem wedi cyfarfod ac efallai wedi arbed y diwedd arteithiol ac uffernol a gafodd Andy wrth lewygu uwch tân trydan wrtho'i hun mewn fflat yn Chorley? Cofiais am yr oriau y bu'r ddau ohonom ynghanol y tawelwch llethol, cyn i'r wawr dorri yn trampio anialdir yr Aifft, yn hogia ifanc yn breuddwydio am ein dyfodol.

Cefais gopi o'r *Lancashire Evening News* yn cofnodi'r trychineb ac ynddo yn eironig deyrnged gan un o'i gyd-chwaraewyr yn nhîm Preston North End.

Y gŵr hwnnw oedd Tom Finney!

Pentref Brynrefail fel yr oedd pan oeddwn yn blentyn
– erbyn hyn, mae'r ysgol sir wedi ei dymchwel a'r capel ar gau.

Ifan fy mrawd a minnau yn
ddiniwed a destlus.

Glanffrwd, ble treuliais fy mhlentyndod cynnar,
gyda Mam yn sefyll ger y giât.

Y Gors Bach, Brynrefail, gyda adfeilion cartref John Williams (John Jac Bach)
a gweithdy Dan y crydd ar y chwith.
(Llun gyda chaniatâd y Llyfrgell Genedlaethol)

Cylchwyl Lenyddol Llys Dinorwig a gynhaliwyd yn 1906 a 1907 ar gae yng nghefn y tŷ lle'm ganwyd.
Ar y dde mae R. E. Jones (Cyngar), Glan Alaw, Parchedigion James Salt ac O. G. Owen (Alafon) ac Edward Foulkes
(beirniad). Yn sefyll y tu ôl i'r gadair y mae'r emillydd, Glanhefin o'r Waunfawr, hefyd y Parch. R. A. Williams (Berw) a
Joseph Thomas (beirniad canu). Y wraig gyda'r het yw Jane Foulkes Roberts o Frynrefail a ganodd gân y cadeirio.

Dosbarth Ysgol y Babanod, Brynrefail (circa 1930), gyda Miss Thomas, yr unig athrawes.

Rhes gefn: Gwilym Jones, Alwyn Griffith, Dennis M. Jones, Cyril Jones, Eric Foulkes, William Williams, Iorwerth Thomas, Edward Green.

Rhes ganol: Eileen Foulkes, Annie Jones, Jennie Thomas, Beryl Green, Margaret Foulkes, Morfudd Pritchard, Iorwerth Evans.

Rhes flaen: Freda Jones, Dilys Jones, Bob Williams, Eirianwen Evans, Dewi Griffith, Marion Foulkes a Rol Williams.

Criw hapus ar iard fferm y Llys, Brynrefail.
Rhes gefn (o'r chwith): Harri'r Llys, Hughie Bryn Rhydd a Guto (brawd Harri).
Canol: Steve Jones ac Iorwerth (Iow) a'i ddau frawd bach, Emyr ac Eilian.

Pont Pen-llyn dan eira, cyn adeiladu'r ffordd newydd i Lanberis.

Mam a Nhad ar drip i'r Rhyl.

Mam a Nhad a Cathrin, fy chwaer, a Tom Lloyd a Jennie, ewythr a modryb, ar drip i rywle, gyda Robert Lloyd Roberts (Ffrwd Alaw), gyda het ar y dde, y gŵr a ymdrechodd i wneud pianydd ohonof, ond yn ofer.

Tîm pêl-droed (y rhai di-briod) yn y gêm flynyddol yn erbyn y gwŷr priod, gyda'r Parch. Glyn Meirion Williams, yn ddiduedd wrth reswm! (1950au).

Rhes gefn: Rol, Gwilym Wyn (reffari), Geraint, Ifan Wyn, Gwyndaf a Bili.

Rhes flaen: Owen Glyn, Cyril, Harold, John, Bob a Joe.

Trên Chwarel Dinorwig ar ei ffordd i'r Felinheli gyda llwyth o lechi,
gyda thyddynnod Brynmadogydd yn y cefndir.

John Ellis, neu Siôn Penrallt i bawb yn y pentref a'r chwarel.
Cymeriad unigryw heb os.

Merched cangen y WI ym Mrynrefail, y gangen y bu fy Mam yn ysgrifennydd iddi am gyfnod hir.

Ar y dde, gwelir platfform o lechi trên chwarel Dinorwig ym Mhen-llyn, gyda'r rheilffordd a'r sied fawr, ble cedwid y cerbyd a gariai y chwarelwyr i'w gwaith. Yn y pellter mae Pont yr Injan a Penllynnoedd. Bellach mae'r cyfan bron wedi diflannu i ebargofiant. Ar y chwith gwelir y steps i'r chwarelwyr fynd at y trên.

Y llanc diniwed, deunaw oed, yn lifrai'r RAF yng ngwersyll Padgate yn 1943.

Isod: Gwenlli (ar y dde), cyn i mi ei hadnabod, yn gyd-enillydd cadair Eisteddfod Clybiau Ffermwyr Ifanc Sir Gaernarfon ym Mhenygroes, gyda Noreen Lewis, a Perisfab yr Archdderwydd. Yn dilyn, enillodd Gwenlli gadair Eisteddfod Clybiau Ieuenctid y Sir, a honno oedd y noson i ni gwrdd am y tro cyntaf.

Andy McLaren, fy ffrind, yng ngwersyll yr RAF yn Heliopolis, ger Cairo.
Roedd Andy yn bêl-droediwr proffesiynol gyda thîm Preston North End, ac fe
chwaraeodd dros yr Alban sawl tro.

Cefais innau'r fraint o gynrychioli fy ngwlad fel pêl-droediwr – yma rwyf yn
penio'r bêl mewn gêm yn erbyn Lloegr ar faes y tu allan i Cairo.
Colli o dair i un oedd y canlyniad, er llwyddo i guro'r Alban.

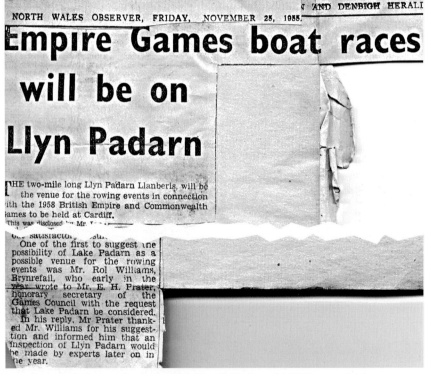

NORTH WALES OBSERVER, FRIDAY, NOVEMBER 25, 1955.

Empire Games boat races will be on Llyn Padarn

THE two-mile long Llyn Padarn Llanberis, will be
the venue for the rowing events in connection
with the 1958 British Empire and Commonwealth
Games to be held at Cardiff.
This was disclosed by Mr.

ou. satisfactory, su.
One of the first to suggest the
possibility of Lake Padarn as a
possible venue for the rowing
events was Mr. Rol Williams,
Brynrefail, who early in the
year wrote to Mr. E. H. Prater,
honorary secretary of the
Games Council with the request
that Lake Padarn be considered.
In his reply, Mr Prater thank-
ed Mr. Williams for his suggest-
tion and informed him that an
inspection of Llyn Padarn would
be made by experts later on in
the year.

Toriad o'r *Caernarfon & Denbigh Herald*, Tachwedd 1955, yn cyfeirio at yr
ohebiaeth a fu rhwng E. H. Prater, ysgrifennydd y pwyllgor oedd yn trefnu
Gemau'r Gymanwlad yn 1958, a mi ynglŷn ag addasrwydd Llyn Padarn i gynnal
cystadlaethau rhwyfo y gemau.

Harri'r Llys, ewythr,
ffrind ac arwr i mi.

Fy nghyfaill, John Morris,
prifathro Ysgol Deunant,
Aberdaron a gollodd ei fywyd
ar draeth Porthoer yn Llŷn,
wrth geisio achub un o
ddisgyblion yr ysgol.
Bu John a minnau yn gyfeillion
mynwesol ac wedi cyd-
ddiddanu ar lwyfannau am
flynyddoedd.

Parti Iolen, Deiniolen, parti o ferched a fu'n fuddugol yn un o gystadlaethau cerdd dant Eisteddfod Caerffili, 1950, gyda'i hyfforddwr a chyfaill hoffus, Hughie Jones. Yn y man bu'r genod yn rhan o barti noson lawen yn yr ardal a minnau yn aelod ohono.

Pennod 6

Dau Gymeriad Hoffus ac Unigryw

HARRI LLYS

Roedd amryw o gymeriadau ffraeth, difyr, amlochrog ac unigryw yn byw yn ardal Brynrefail pan oeddwn yn llencyn, fel y cyfeiriais eisoes.

Un o'r rhai hynny oedd cefnder o waed coch cyfan i fy mam, sef Harri Llys. Fo, yn gam neu'n gymwys, a'm dysgodd i smocio ond fe gaiff faddeuant am hynny. Byddai bod yn ei gwmni yn bleser pur a 'Harri' fyddwn i'n ei alw, dim Yncl na rhyw lol felly.

Ffermio llawn amser ar dir caregog a rhywiog y Llys ar gyrion Brynrefail, ym mhlwyf Llanddeiniolen, yr oedd Harri gyda'i chwaer Lisi a'i frawd Guto o deulu Ffowciaid y plwyf. Roedd y tri yn ddibriod. Yn wir, clywais fy mam yn dweud fod yr ymladdwr codwm enwog, Ffowc Tŷ Du, Llanberis, yn aelod o'r Ffowciaid hyn. Roedd y chwaer arall, Nellie, yn athrawes yn Minsterley, ger yr Amwythig, wedi priodi ac yn byw yno ac roedd Robin, y brawd arall, yntau wedi priodi ac yn byw mewn tyddyn ym Mhontrhythallt, ger Llanrug.

Ymhyfrydai Harri fod cysylltiad hanesyddol a diwylliannol ynghlwm â'r Llys. Nepell o'r ffermdy mae olion hen gastell a fu'n gysylltiedig â Syr Gruffydd Llwyd, a ddisgrifir yn yr hen achau Cymreig fel 'Arglwydd Tregarnedd Môn a Dinorwig yn Sir Gaernarfon'. Enillodd ymddiriedolaeth Edward 1af ac ef oedd prif gasglwr milwyr i'r brenin Edward.

Ym mis Medi 1907 ac yn Awst 1908 cynhaliwyd Eisteddfod Llys

Dinorwig neu 'Gŵyl Cadair Dinorwig' fel y cyfeirir ati mewn rhai dogfennau. Cynhaliwyd y gweithgareddau ar gae yng nghefn y tŷ lle'm ganed, ugain mlynedd yn ddiweddarach. Fe wnaed y llwyfan gan garedigion yr ŵyl o'r coed a dyfai ar dir y Llys, ac yn ôl pob sôn roedd y ddwy eisteddfod yn hynod boblogaidd yn y fro a thu hwnt.

Alafon, gweinidog Capel Ysgoldy, oedd prif ysgogydd yr eisteddfodau ac ef a'i bedyddiodd â'r hen enw a roddwyd ar yr eisteddfodau a gynhelid gan Dafydd Ddu Eryri ar fryn Glasgoed cyn hynny.

Y gantores enwog a ganai gân y cadeirio oedd Jane Foulkes, ac ymysg y beirniaid roedd Glan Alaw, gweinidog Brynrefail, Joseph Thomas, Cwm-y-glo, R. E. Jones (Cyngar), Edward Foulkes Llanberis a Berw – person Waunfawr. Y dihafal Caerwyn oedd yn arwain y gweithgareddau. Dywedir i rywun roi benthyg y gadair ar gyfer y seremonïau, a rhoddwyd tlws i'r ddau enillydd, sef Glynhefin o'r Waunfawr yn 1907 a gweinidog o'r America yn 1908.

Mae'n syndod fod trin deg acer ar hugain y Llys wedi rhoi bywoliaeth llawn amser i'r teulu. Yn sicr roedd yn orchwyl anodd. Magu gwartheg a chadw defaid oedd Harri, a Lisi yn gofalu am y gwyddau a'r tyrcwns ar gyfer marchnad leol y Nadolig i bobol dda Brynrefail, Penisa'r-waun a Chlwt-y-bont. Byddai Ifan fy mrawd a minnau bob Nadolig yn dibynnu ar ein beiciau i ddosbarthu'r dofednod i sawl aelwyd yn y fro ac ambell un yn bur sbeitlyd ac yn fy siarsio i ddweud wrth Harri 'fod yr ŵydd 'ma yn deneuach na'r un gawsom y llynedd hyd yn oed'. Dro arall câi'r hogyn bach swllt neu ddau am ei drafferth ac am hynny byddwn yn dymuno 'Nadolig Llawen' i'r teulu – dipyn o ddiplomasi ar gyfer y flwyddyn ddilynol, wrth reswm!

Smociwr Woodbines fu Harri ar hyd ei oes. Roedd hefyd yn hoff o'i beint ar nos Sadwrn yn nhafarn y Fricsan yng Nghwm-y-glo a'i bartner ar y bererindod Sadyrnaidd honno fyddai gŵr y Llys Cottage, sef Tom Jones neu, fel y cyfeiriwyd ato gan bawb yn y chwarel a'r fro, 'Twm Cymro'. Brodor o'r Waunfawr oedd Twm, yn dipyn o gymêr a rhyw wên ddireidus a pharhaol ar ei wyneb.

Am sawl haf arferai grŵp o sgowtiaid o Birmingham wersylla ar dir y Llys a byddai'r ymweliadau hynny yn rhoi llawer o bleser i mi pan oeddwn yn iau, er bod trafod eu hanghenion yn yr iaith fain yn dipyn o broblem i Harri. Bron bob nos tua wyth o'r gloch, dôi Harri i lawr i'r pentref gan alw yn siop William John am anghenion y teulu gan gynnwys, wrth gwrs, baced o Woodbines. Yna galwai efo ni yn Glanffrwd gan y byddai fy mam wedi prynu torth yn y prynhawn rhag ofn y byddai William John wedi gwerthu'r cwbwl erbyn gyda'r nos i wragedd y chwarelwyr. Byddai'r rheini angen y bara i roi yn nhuniau bwyd eu gwŷr i fynd i'r chwarel trannoeth.

Mae'n wir i mi chwarae triwant sawl gwaith ac anelu am y Llys, ac er y gwyddai Harri am hynny nid unwaith y bu iddo ddatgelu'r gyfrinach i'm rhieni. Yn y cwt agosaf i'r stabal yn y Llys, lle cedwid y blawd a'r malwr rwdins, yr oedd y fan gysegredig ble eisteddai dau neu dri, gan gynnwys fy mam, i bluo'r dofednod ar gyfer y Dolig. Gan mai tua diwedd Rhagfyr oedd yr achlysur hwnnw, roedd yn ofynnol cau'r drws rhag yr oerwynt. Ond pan agorid y drws o dro i dro, codai cawodydd o blu o bob lliw a maint i'r awyr gan ddisgyn drachefn ar bennau ac ysgwyddau'r criw pluo. O ganol y plu dôi llais Harri, 'Go drapia, cauwch y blydi drws 'na.'

Un o hoff raglenni radio Harri oedd y *Noson Lawen* a ddôi o Neuadd y Penrhyn ym Mangor. Prysurai adref o bob man i wrando a rhoi canmoliaeth gyson i'r 'Robin Wiliam 'na. Mae'n faswr da.' Ni fyddai byth yn defnyddio'r 's' fach yng nghyfenw Robin (er mawr ddifyrrwch i Robin pan ddywedais wrtho ymhen blynyddoedd wedyn). Arwr arall iddo oedd David Lloyd, neu Dafydd Lloyd iddo fo.

I ychwanegu at goffrau llwm y Llys, arferai Harri, a Twm y ceffyl wrth gwrs, fynd o gwmpas yr ardal i dorri a chario gwair yn y mân dyddynnod oedd heb geffyl, a Harri wedi lapio hen deiars o gylch dwy olwyn yr injan lladd gwair rhag codi gwrychyn swyddogion y Cyngor Sir. Y farn gyffredinol oedd bod Harri yn ddiguro am dorri gwair a hefyd am wneud llwyth gwair taclus dros ben. Ar adegau gofynnai i mi dywys Twm y ceffyl, ac yntau'n rhoddi'r gorchmynion o ben y llwyth. Aros ar y 'We' oedd hi bryd hynny, ond mynd ar y 'We' yw hi heddiw!

Er nad oedd Harri yn gapelwr cyson, roedd ganddo gryn feddwl o Gapel yr Ysgoldy ger Clwt-y-bont ac yn enwedig o ddau weinidog, sef O. G. Owen (Alafon) a 'Mistar Watkins', sef y Parchedig R. H. Watkins, y gŵr a'm bedyddiodd innau. Bu teulu'r Llys yn mynychu oedfaon yr Ysgoldy am genedlaethau ac ambell nos Sul cawn innau fynd i'r oedfa gyda Harri neu fy modryb Lisi. Am ryw reswm, atgofion o nosweithiau oer, gaeafol a'r lleuad yn llawn sydd wedi aros efo mi. Wedi cyrraedd yn ôl i'r Llys rhoddai Harri grynodeb o'r bregeth a phwy oedd yn bresennol i Guto ei frawd, a oedd yn ddiarhebol am holi a gofyn yr un cwestiwn dro ar ôl tro.

Yno eisteddwn wrth y bwrdd i fwynhau'r tatws wedi ffrio gorau yn y wlad gan nad oedd neb i guro Lisi am wneud tatws 'di ffrio, a chwarae teg fe rannodd ei chyfrinach â mi ymhen amser. Un hanfod ganddi fyddai rhoi'r pupur ar y tatws yn y badell ffrio.

Er bod deugain neu ragor o flynyddoedd rhwng Harri a mi, nid yn unig roedd yn ewythr i mi ond yn ffrind hefyd, a heb os roeddwn yn ei addoli. Fel y soniais, roedd yn gyfrannwr selog i goffrau W. D. & H. O. Wills ond ar yr un pryd roedd yn ddarbodus tuhwnt. Onid oedd yn gallu dowtio sigarét ar ei hanner gydag un symudiad o'r bawd a'r bys? (Dowtio oedd yr enw cyffredin ar y ddawn o ddiffodd sigarét). Yn wir, wedi meddwl does gen i ddim cof iddo smocio sigarét gyfan erioed; pleser dau gwrs oedd smocio un Woodbine i Harri. Ac wrth reswm i boced ei wasgod yr âi gweddill y ddau gwrs.

Soniais ynghynt am ei bererindod ar y nos Sadwrn i dafarn y Fricsan yng Nghwm-y-glo. Yn wir, ar un o'r pererindodau hynny ar nos Sadwrn oer gaeafol bu farw Harri wedi trawiad ar y galon. Fe deimlais ei golli yn arw a mentrais gyfansoddi'r soned ganlynol er cof am ŵr unigryw iawn ac ewythr a chyfaill hynod o ffeind a roddwyd i orffwys ym mynwent Llanddeiniolen. Fel y dywedais droeon wrth Gethin, y mab, biti garw na chafodd 'nabod Harri'r Llys.

Ymhlith hen wreiddiau ywen werdd y Llan
Y rhoddwyd ef i orwedd un prynhawn,
A chlywaf lawer cri y lleisiau gwan
Yn teimlo colled un oedd hoffus iawn;
Gŵr cymwynasgar oedd, yn caru Duw
A charai hefyd blant yr ardal fwyn,
Digymar batrwm oedd i eraill fyw
Un doeth ei air, caredig a di-gŵyn;
Ac fel y deuai'r gwanwyn, hoffai ef
Gael troi y dorchen las ar dir y Llys,
A gweld y grawn a llawer t'wysen gref
Uwchben y lle bu gynt ei ddafnau chwys.
Ond heddiw pridd y Llan sy'n goch, a gwn
Na ddaw'r dyfodol fyth â ffrwyth o hwn.

JOHN ELLIS, PENRALLT

Os bu cymeriad unigryw erioed ymysg pentrefwyr Brynrefail, yna heb os John Ellis neu, fel y cyfeiriwyd ato ar y bonc yn y chwarel ac ar y stryd ym Mrynrefail, Siôn Êl, Penrallt, oedd hwnnw.

Tyddyn bychan unllawr oedd – ac yw – Penrallt ac yn fy nghyfnod cynnar Owen Ellis oedd y penteulu. Magodd ef a'i briod Margiad Ann naw o blant, meibion i gyd. Ar y tir rhywiog fe fagwyd yn ogystal o dro i dro fuwch neu ddwy a lloi. Roedd gardd o flaen y tŷ, yr oeddem ni'n blant yn meiddio mentro iddi i gael blas yr eirin a'r gwsberis am ddim, heb ganiatâd.

Roedd y tad a phump o'r meibion yn chwarelwyr yn chwarel Dinorwig, ond dreifar bws oedd George, Owen yn gweithio ym Manceinion, a Griffith Madog yn Drefnydd Ieuenctid Cynorthwyol i I. B. Griffith ac yn byw ym Mhwllheli. Fe laddwyd Hugh Owen yn y Rhyfel Mawr.

Fel amryw eraill yn y dyddiau hynny, chwarelwr fu Siôn ar hyd ei oes nes ei fod yn ddeg a thrigain oed. Er gweithio ynghanol cannoedd o gefnogwyr selog y Blaid Lafur, Tori rhonc oedd o a Churchill yn arwr mawr iddo. Ymhyfrydai yn y ffaith fod ganddo siârs yng nghwmni Tate & Lyle ac yn ogystal yng nghwmni sigarennau Craven A er mai smociwr Woodbines ydoedd, a hynny yn gyson gyson.

Roeddwn yn mwynhau bod yng nghwmni Siôn, er ei fod ar adegau yn oriog efallai. Eglwyswr oedd o, yn aelod yn eglwys Penisa'r-waun, ond mynychai yn weddol aml gapel y Methodistiaid ym Mrynrefail ac yn wir cyfrannai'n eithaf hael i goffrau'r capel hwnnw. Mynnai i'r cyfrannu hwnnw fod yn weithred gyhoeddus gan y galwai yn y llythyrdy a'r siop leol hefo'r postfeistr William, a oedd yn flaenor y capel yn ogystal. Byddai llond y siop ar 'Nos Wener y Cyfri Mawr' yn y chwarel ac ymwthiai Siôn at y cownter gan roi bwndel o arian arno, gan gyhoeddi, 'Deg punt yn fy enw i, deg i George a deg i Meredydd, a deg er cof am fy nhad a mam.' Ac yna troi ar ei sawdl ac allan i'r gwyll wedi cyflawni un weithred flynyddol bwysig.

Roedd gan Siôn, fel pob un o hogia Penrallt, ddant aur yn ei geg. Rhaid cyfaddef hefyd ei fod yn y dosbarth cyntaf fel rhegwr, ond rywsut rywfodd doedd hynny ddim yn tarfu ar y berthynas rhyngddo a neb; os rhywbeth, roedd yn rhan annatod o'i gymeriad.

Hen lanc bychan o gorff ydoedd, yn cerdded yn gyflym gan wisgo ei drowsus melfaréd ddydd a nos bron, a'i sgidia hoelion mawr yn diasbedain ar y ffordd wrth fynd heibio'n tŷ ni. Bu'n filwr yn y Rhyfel Mawr ac fe'i clwyfwyd ar faes y gad, os cofiaf yn iawn.

Fel y sylwer, ei fam, Margiad Ann, oedd yr unig ferch ynghanol y dynion. Wedi iddi fynd i oedran teg roedd yn hanfodol cael help i lanhau'r tŷ. Un diwrnod trefnwyd fod gwraig oedd bob amser wrth law i ateb pob galwad, sef Mary Maud, yn galw ym Mhenrallt i bapuro'r gegin gefn ar ôl i'r hogia fynd i'r chwarel. Cyrhaeddodd Mary Maud a sylwi fod holl ddodrefn yr ystafell wedi eu gwthio i un gornel er mwyn iddi gael rhywfaint o le i gario allan ei dyletswydd. Gosododd y *stepladder* yn erbyn y wal, ond yn sydyn dyma lais o gefn yr holl ddodrefn, 'Pwy sy' 'na?'

Yno, tu ôl i'r dresel a'r cadeiriau a'r cyfan roedd Margiad Ann yn ei gwely, wedi ei gwthio i'r gornel gan yr hogia cyn troi am y bonc.

Bu bron i Mary Maud druan lewygu, cyn gwenu wrthi'i hun o ganfod sefyllfa mor annisgwyl.

Roedd gardd ein tŷ ni yn Glanffrwd dros y ffordd i'r tŷ ac ar nos Lun, diwrnod traddodiadol bryd hynny i olchi dillad, byddai fy mam yn mynd i'r ardd i hel y dillad. Yn aml dôi Siôn heibio ar ei ffordd i rywle neu'i gilydd. Os byddai Nhad yn digwydd bod yn gweithio mewn rhan go lewyrchus o'r bonc yn y chwarel ac felly yn cael arian go lew ar 'Nos Wener y Cyfri Mawr' ar ddiwedd y mis, byddai Siôn yn mynd heibio heb ddweud gair. Ond pan fyddai Nhad yn gweithio mewn man digynnyrch â dim ond rwbel a baw, byddai Siôn yn aros am sgwrs, sgwrs ddiangen i fy mam, wrth reswm.

'Ew, ma Wili mewn cythral o le sâl, dim byd ond baw a dim golwg i betha wella chwaith. 'Jac Do' fydd hi am wsnosa, ma' gin i ofn.'

'Dim byd newydd, John. Ma hi'n dŵad i bawb yn 'i dro, tydi. Falla ma chdi fydd yn y baw mis nesa.'

Y 'Jac Do' bondigrybwyll oedd y term a ddefnyddid gan y chwarelwyr pe byddent yn methu gwneud digon o lechi i gael arian bonws a adnabyddid fel y 'Cyfri Mawr'.

Bryd hynny âi Siôn yn 'i flaen yn weddol sydyn gan fwmian yn annealladwy.

Unwaith y mis, ar Sadwrn wedi'r 'Cyfri Mawr', arferai trên yr LMS fynd o Lanberis i Lerpwl, 'y sgyrsion' fel y'i gelwid, a byddai llawer o bobl yr ardal yn mynd ar y trên hwnnw, yn eu mysg Siôn Penrallt. Pwrpas ei ymweliad ef â dinas y Sgowsar oedd ymweld â siop fawr Lewis i brynu dillad isaf, neu 'singlet' a thronsia 'long johns', fel y galwai ef yr anghenion hynny. Ac ar y nos Lun canlynol fe fyddai'n galw acw a'r dillad newydd mewn bag i ni gael eu gweld a'u canmol.

Ond i mi, ei ymweliadau ag aelwyd y Llys ar nos Fawrth oedd pinacl pob cyfarfod a gawn â Siôn.

Rhaid cofio mai yn ystod blynyddoedd cynnar y rhyfel oedd hynny a'r digwyddiadau dyddiol yn naturiol ar wefusau pawb, gan gynnwys John Ellis.

Rhuthrai Ifan fy mrawd a mi drwy waith cartref yr ysgol er mwyn bod yn y Llys cyn wyth o'r gloch y nos. Yn eu tro dôi gweddill y gwmnïaeth ddifyr ynghyd: William Owen wedi dod i lawr o Flaen y Cae, a Twm Cymro wedi ymlwybro o'i gartref yng nghefn ffermdy'r Llys, a phawb yn rhoi dipyn o drefn ar y byd a'r betws. Un garw am dynnu coes oedd Twm, a gwneud hynny dan wenu bob amser a'i ben ar un ochr yn amlach na pheidio am ryw reswm. Y gwir oedd fod pawb wedi dod at ein gilydd i glywed Siôn yn rhoi'r hen fyd mawr yn ei le. Edrychai pawb ar y cloc mawr ger y drws, yna byddai'r cŵn yn cyfarth. 'Ew, ma' o wedi cyrra'dd' meddai William Owen oddi ar y setl bren wrth y tân.

Yn fuan yn y sgwrs, byddai Siôn yn ein hatgoffa ni un ac oll, mor ffodus oedd Prydain Fawr o gael dyn fel Churchill wrth y llyw. Mae'n debyg mai ei ddehongliad dramatig o'r digwyddiad hanesyddol hwnnw ar draethau Dunkirk pan gludwyd dros dri chan mil o filwyr yn ôl i Brydain oedd uchafbwynt popeth sydd i mi yn gysylltiedig â Siôn.

'Gwyrth, dim byd arall ond gwyrth oedd dŵad a'r hogia 'na adra. Meddyliwch, myn cythral, yr hogia 'na yn nofio am 'u bywyda a'r Jermans yn 'u bomio nhw . . . sgynnoch chi ddim syniad o'r uffarn roedd yr hogia ynddi hi . . . wyddoch chi ddim amdani, myn diawl.'

Siôn, yr hen filwr, oedd yn siarad, wrth gwrs, ond gwelodd Twm Cymro ei gyfle am dipyn o hwyl, er mor ddifrifol y testun.

'Ym, methu dallt ydw i, Siôn, sut oedd yr hogia yn medru nofio at y cychod o'dd yn 'u disgw'l nhw a reiffls a petha felly gynnon nhw?'

Yn ei ddicter edrychodd Siôn ar Twm Cymro ac meddai, 'Nofio, siŵr iawn, nofia fasat titha os basa dy fywyd di yn y glorian. Be arall wyt ti'n feddwl fasan nhw'n neud?'

Ac ar hynny gorweddodd Siôn ar ei gwrcwd ar lawr llechi'r gegin, yn ei drowsus melfaréd a'i sgidia hoelion mawr a'i gap llychlyd ar ochr 'i ben, gan na fyddai byth yn tynnu ei gap wrth ddod i'r tŷ.

Ac er mwyn darbwyllo Twm Cymro a gweddill y gynulleidfa a wyliai mewn syfrdandod, nofiodd Siôn, fel petai, o draed y cloc mawr at y grât, gan dderbyn cymeradwyaeth y gweddill oedd yn gegrwth wrth fwynhau'r cyfan.

'Ew, reit dda rŵan, Siôn, fel'na oedd hi felly?'

56

'Ia, ond bod y boms yn dŵad i lawr ar 'u penna nhw. Wyddoch chi gythra'l o ddim amdani, myn diawl.'

Yn sydyn cododd Siôn a chan roi edrychiad i gyfeiriad fy mrawd a minnau, dywedodd, 'Ylwch, ma'n amsar i ni fynd adra.'

Un anodd i gyd-gerdded ag ef oedd Siôn am ei fod yn hanner rhedeg a hanner cerdded, ac felly roeddem ni ein dau yn rhedeg bron y rhan fwyaf o'r hanner milltir o'r Llys i lawr i bentref Brynrefail. Bob hyn a hyn fe stopiai Siôn yn stond ac atgoffa Ifan a minnau mai i'r banc y dylem fynd i weithio ar ôl gadael yr ysgol – roedd hon yn hen gân ganddo.

O'r diwedd cyrhaeddodd y tri ohonom giât Glanffrwd.

'Nos da, John.' (Fyddem ni byth yn dweud Siôn yn ei wyneb). Yn ôl ei arfer, fyddai o byth yn ateb yn ôl dim ond mwmian, a chyda sŵn ei esgidiau hoelion mawr yn diasbedain wrth fynd heibio siop William John, byddai'n troi ei gamre am Benrallt.

Heb os, roedd Siôn Êl, neu John Ellis, Penrallt, yn un o'r cymeriadau unigryw, hoffus hynny a fodolai yn y blynyddoedd a fu. Gŵr diddan, diddrwg oedd o ac mae ei deip bellach yn prinhau. Mae'r mowld wedi malu'n dipia mân erstalwm.

> Nid ânt yn angof, tra chwyth llesmeiriol wynt,
> Y dyddiau bythgofiadwy yma gynt
> Yng nghwmni Siôn, Merêd a George, wrth gwrs;
> Na – does ond rhyw gyfran heddiw'n d'allt
> Y rhamant oedd erstalwm ym Mhenrallt.

Pennod 7

Y Weinyddiaeth Amaeth

Cefais fy rhyddhau o'r Awyrlu ym Mawrth 1947 ac yn wir doedd gennyf fawr o syniad beth roeddwn yn mynd i'w wneud â'm bywyd. Wedi siarad ag amryw o hogia deallais fod yr ansicrwydd hwn yn berthnasol iddynt hwy yn ogystal.

Gan i mi fynd yn syth o'r ysgol i'r RAF a phedair blynedd bron wedi mynd heibio, rhaid cyfaddef nad oedd fy mwriad gwreiddiol i fod yn athro ysgol ddim yn apelio ataf mwyach yn 1947. Roeddwn wedi cael cyfweliad gydag awdurdodau Coleg y Normal ym Mangor ac wedi treulio ambell wythnos fel *pupil teacher* yn Ysgol Gynradd Llanrug cyn ymuno â'r Awyrlu.

Hysbysais awdurdodau'r Coleg fy mod wedi fy rhyddhau o'r Lluoedd Arfog a chan nad oedd y flwyddyn academaidd yn dechrau hyd Hydref 1947, roedd yn ofynnol chwilio am waith i'm cynnal o Fehefin, diwedd fy *demob leave*. Cefais gyfweliad gydag E. Morgan Humphreys, y newyddiadurwr a'r awdur, a oedd ar y pryd yn swyddog gyda'r War Ag fel y'i gelwid, ac yn wir cefais swydd dros dro fel clerc yn y swyddfa yng Nghaernarfon, yn trin ceisiadau ffermwyr oedd wedi dioddef colledion mawr yn sgil gaeaf caled 1947. Gelwid y gronfa honno yn *Agricultural Disaster Fund*.

Yna daeth gwahoddiad gan awdurdodau'r Coleg imi fynd am gyfweliad. A bod yn onest, o sylweddoli'r mwyniant a gawn o weithio mewn swyddfa, a chael cyflog bob dydd Gwener, pam chwysu i astudio? Felly, yn y cyfweliad roeddwn yn ateb y cwestiynau yn negatif a hurt ar adegau. Y gwir oedd fy mod yn gwneud popeth yn fy ngallu i beidio â chael fy nerbyn yn stiwdant yn y Coleg Normal. Nid syndod i mi felly oedd derbyn llythyr ymhen dyddiau yn fy hysbysu nad oedd fy nghais i fod yn fyfyriwr yn y coleg wedi bod yn llwyddiannus. Roedd hyn, wrth reswm, yn siom fawr i fy rhieni, ond nid felly i mi.

Wedi blwyddyn o weithio yn y swyddfa sylweddolais i mi wneud andros o gamgymeriad. Anfonais lythyr at awdurdodau'r Coleg i ofyn am gyfweliad arall gan fod fy agwedd wedi newid yn llwyr, a chan obeithio eu bod yn rhoi ystyriaeth i'r newid mawr oedd yn bodoli ym mywydau'r rhai oedd wedi dychwelyd o'r Lluoedd Arfog. Ond na, doedd yr awdurdodau ddim am roi cyfle arall i mi.

Roeddwn wedi gwneud cais i Goleg Aberystwyth hefyd ond nid oedd gennyf fawr o awch i fynd ymlaen â'r cais hwnnw chwaith. Cefais air gyda'r Aelod Seneddol, Goronwy Roberts, ac fe anogodd fi i ddal ati i geisio mynediad i ryw goleg neu'i gilydd, ond gwrthod ei awgrymiadau fu fy hanes. Yn sgil ymateb awdurdodau Coleg y Normal roeddwn nid yn unig wedi colli pob awydd ond wedi suro hefyd, er mai fi fy hun oedd yn gyfrifol am y sefyllfa.

Aeth y pum mis o swydd clerc dros dro yn gyfnod o dri deg a phump o flynyddoedd yn y diwedd a rhaid cydnabod fy mod trwy'r cyfnod hir hwnnw yn dal i felltithio fy nghamgymeriad yn 1947! Yn nhreiglad amser aeth y 'War Ag' bondigrybwyll yn Weinyddiaeth Amaeth ac yna yn rhan o'r Swyddfa Gymreig.

Treuliais y blynyddoedd cynnar yn trin a thrafod ceisiadau ffermwyr tir mynydd i dderbyn grantiau am agor ffosydd, clirio rhedyn, creu ffyrdd i'r ffermdai, atgyweirio adeiladau, aredig a hau, yn ogystal â'r grantiau oedd ar gael am gadw gwartheg a defaid. Roedd enwau'r ffermydd yn apelio'n fawr ataf a mentrais ddefnyddio'r wybodaeth hon i gyfansoddi penillion ar gyfer papur wythnosol. Gyda llaw, cefais gerydd gan un o'm huchel swyddogion am ddefnyddio beth oedd yn wybodaeth swyddogol, heb ganiatâd. Agwedd hurt i mi!

Taith ddychmygol hyd erwau rhai o ffermydd Dyffryn Conwy yn 1993 oedd y penillion, ac efallai nad yw'r ffermydd i gyd yn bodoli mwyach.

Ceir yno Fryncynhadledd,
Bryn Dowsi a Bryn Glas,
Bryn Seiri a Bryn Siriol,
Bryn Glorian a Bryn Bras;
Bryn Fawnog a Bryn Ddraenen,
Bryn Engan hefyd sydd,
Bryn Tudur, Bryn Gyfeiliau,
Bryn Eidal a Bryn Gwŷdd.

Ceir hefyd Gae Defeidty,
Cae Gwegi a Chae Gwyn,
Cwmlannerch a Chwm Dreiniog,
Cwm Celyn ar y bryn;
Gwell gadael erwau'r cymoedd
A dyma'r rheswm pam
Cawn fynd i rodio'r dolydd,
Dolmarchog a Dôl Gam.

Os blino ar y dolydd
Mae Dyffryn Mymbyr draw,
Dylasau a Diosgydd,
A Dugoed, maes o law;
Eirianws, Erw Clochydd,
Glan Llugwy 'nghopa'r nant,
Gorddinan a Gwern Felin,
Gwern Gof a Gelli Bant.

Ac wedi teithio oriau
Ym mysg y mannau hyn
Beth am gael egwyl fechan
Cyn galw'n Nhal-y-llyn?
A draw i Lannerch Elsi
A Llugallt Glasgwm'r awn,
Gan gyrraedd Llechwedd Hafod
Yn gynnar y prynhawn.

Ac yna fe gawn weled
Penrhiw a Phantymaen,
Penrhos a Phant y Carw
Cyn i ni fynd ymlaen;
Penbedw, Pengwern Gwydr,
Plas Glasgwm a Phenbryn,
Plas Fadog, Pant yr Hyrddod,
A Phennant, gyda hyn.

Tu Hwnt i'r Gors, a'r Siglan,
Ty'n Rhewl a Taenael Droch,
Tanrhiw a Thyddyn Deicws,
Tan Berllan a Thŷ Coch;
Os hoffech wres yr heulwen
Fe awn i Faes yr Haf,
Ar flodau gwyllt y dolydd
Fe wena'r haul mor braf.

Ar derfyn taith rhaid cofio
Am Fwlch y Gwynt a'r Glyn,
Bodesi, Nant y Crogwn,
Afallon a Thŷ Gwyn;
Tu hwnt i'r Fawnog hefyd
Bwlch Cynud, Pentre' Du,
Craig Forys, Hendre Laingron,
Llawr Ynys, Nant y Tŷ.

A beth am Drwyn yr Wylfa,
A Nant y Wrach cyn gwawr
Ac Ysgwy-frith a'r Penrhyn,
Y Rhos ac Eidda Fawr?
A chip ar Foel Machyrian,
Bertheos a Bryn Rhydd,
Mae'r coesau'n bur flinedig
'Rôl teithio drwy y dydd.

Onid oes barddoniaeth yn yr enwau deudwch?

Fe'm symudwyd o Gaernarfon i swyddfa ym Mangor am sbel. Roedd hynny'n golygu dal bws boreol a fyddai'n trafeilio o Ddeiniolen i Fangor, a chan fy mod yn byw ym Mrynrefail ar y pryd rhaid oedd cicio beic (a brynais gydag arian haelionus y brenin pan gefais fy rhyddhau o'r Awyrlu) i fyny'r gelltydd geirwon hyd at y Rhiwen. Yno, drwy garedigrwydd Emyr a Phyllis, cawn gadw fy meic mewn cwt ger y tŷ. Doedd mynd adref gyda'r nos ddim yn broblem. Dim ond eistedd ar y beic a llywio oedd ei angen i bob pwrpas. Ond i ddod i fyny yn y bore roedd angen megin go dda. Yn amlach na pheidio, medrais orchfygu rhan o hynny drwy garedig-rwydd gyrwyr lorïau fyddai'n mynd trwy'r pentref bob dydd yn ôl a blaen rhwng Chwarel Glynrhonwy, Llanberis, a Chae'r Mynydd rhwng Deiniolen a'r Rhiwlas. Arferai rhai ohonynt arafu digon i mi afael yn nhrwmbal y lorri ac yna cael fy nhynnu i fyny'r gelltydd yn ddidrafferth. Gweithred beryglus, mae'n wir, ond bobol bach roedd yn well na chicio'r hen feic, yn enwedig pan oeddwn wedi cysgu'n hwyr!

Wedi cyfnod yn y swyddfa ym Mangor, dychwelais i Gaernarfon a chael fy hun yn gweithio gyda milfeddygon y Weinyddiaeth. Heb os dyma'r adeg difyrraf i mi yn ystod fy nghyfnod yn y Gwasanaeth Sifil. Caed cyfnodau digon digalon pan fyddai aflwydd y Brucellosis wedi torri allan a gorfodaeth i ladd pob buwch ar y fferm. Yn wir roedd yr aflwydd mor ddrwg ar gyfnodau yn Sir Gaernarfon fel y byddai buchesi am wythnos gyfan ar y fferm wedi i'r milfeddygon eu prisio (a thrwy hynny roeddynt yn eiddo'r Weinyddiaeth Amaeth), a ninnau yn methu eu symud i ladd-dai ym Manceinion, Lerpwl a Preston. Bryd hynny, doedd dim digon o lorïau ar gael ac felly roedd cryn benbleth yn bodoli. Fy nyletswyddau i oedd ceisio cael y pris gorau gan y cigyddion fyddai'n prynu'r gwartheg gan y Wein-yddiaeth a threfnu lorïau i'w symud. Wrth gwrs doedd pob buwch ddim wedi ei heintio, ond roedd yn orfodol lladd y rhai a oedd mewn cysylltiad â'r rhai oedd wedi dal yr afiechyd. Nid gwaith pleserus oedd hysbysu'r gwahanol berchnogion y byddai'r lorïau yn y fferm ar y dyddiad a'r dyddiad i fynd â'r gwartheg oddi yno, anifeiliaid yr oeddynt wedi eu magu a gofalu amdanynt ers blynyddoedd. Unwaith roedd y clwyf wedi ei gadarnhau ni châi'r perchennog gadw gwartheg am gyfnod penodol a byddai'n ofynnol diheintio'r adeiladau i gyd.

Cofiaf ddreifar un lorri oedd ar ei thaith i Preston yn fy ffonio y tu allan i Gaer i ddweud ei fod yn poeni'n ddirfawr oherwydd bod rhai o'r gwartheg mor wan fel nad oeddynt yn gallu sefyll ar eu traed yn y lorri ac yn gofyn i mi beth oedd i'w wneud mewn sefyllfa ddigalon felly. Pwysleisiai nad oedd ef yn gyfrifol am y sefyllfa a phryderai y byddai mwy o wartheg yn disgyn cyn cyrraedd Preston. Yn ei farn ef y rheswm dros gyflwr truenus y gwartheg oedd nad oeddynt yn ôl pob golwg wedi cael unrhyw borthiant ers dyddiau, gan ofyn yn awgrymog ers sawl diwrnod yr oedd y milfeddygon wedi cadarnhau fod y clwyf ar y fferm. Misoedd o boendod i sawl teulu oedd y misoedd hynny ac aceri o dir yn Sir Gaernarfon heb unrhyw anifail yn pori arnynt o gwbl. Golygfa drist heb os oedd yr olygfa honno.

Cyn cydio tyddyn wrth dyddyn er mwyn ychwanegu at erwau'r daliad, roedd y mân dyddynnod ar lethrau'r mynyddoedd yn gartref i sawl teulu oedd yn fwy na pharod i gydnabod fod yr anifeiliaid yn rhan o'r teulu. Ond, yn anffodus, yn 1951 cafwyd achos o Glwy'r Traed a'r Genau ym mhlwyfi Llanrug, Llanberis a Llanddeiniolen.

Clywais i hen wreigan o ardal Deiniolen alw yn swyddfa prif filfeddyg y Weinyddiaeth Amaeth yng Nghaernarfon a thusw o flodau yn ei llaw i'w rhoi ar feddrod Nansi, yr unig fuwch ar y tyddyn gartref ar lethrau isaf mynydd yr Elidir.

Nid gweithred hawdd i Mr Richards, y milfeddyg, oedd ceisio darbwyllo'r hen wraig nad oedd modd iddo ddatgelu ble y claddwyd Nansi ac wrth reswm roedd hynny'n peri cryn ddigalondid iddi. Cyfaddefodd yn ei siom fod Nansi wedi bod ar erwau'r tyddyn ers yn llo ac o'r herwydd, yn ei golwg hi, yn aelod o'r teulu ers blynyddoedd.

Yn 1957 bûm am rai wythnosau ar ddyletswydd gweinyddol yn Llangollen gan i'r clwyf dorri allan yn Sir Ddinbych a'r gororau.

Roedd gweld y coelcerthi mawr a adeiladwyd i losgi'r cyrff yn hynod drist ac arogl y llosgi yn aros am ddyddiau lawer. Yn 1980 roedd amheuon fod y clwyf hwn ar ddefaid yn Ynys Enlli ac ar ddiwrnod hynod o wlyb fe gludwyd milfeddygon y Weinyddiaeth a minnau ac un neu ddau arall o gae chwarae Ysgol Syr Huw Owen yng Nghaernarfon gan hofrennydd o'r RAF yn y Fali, Ynys Môn, i'r ynys i archwilio pob dafad oedd yn eiddo'r ffermwr. Yn ffodus, nid Clwy'r Traed a'r Genau oedd ar y defaid hynny. Roeddem wedi trefnu i'r hofrennydd ddod i'n cyrchu yn ôl am bump o'r gloch a chael a chael oedd hi i ni orffen archwilio'r gorlan cyn hynny. Roedd niwl trwchus yn gryn boendod i'r awdurdodau yn y Fali, ond mentro wnaethant a bu i ni lanio yn ôl ar dir yr ysgol yng Nghaernarfon, yn wlyb a blinedig.

Byddai ambell ffarmwr diddan yn galw yn y swyddfa o dro i dro. Dôi William Pritchard, Braich Dinas, Cwm Pennant, yn awr ac yn y man, a chan fy mod â diddordeb mewn barddoniaeth, cawn ribidirês o englynion a gyfansoddwyd ganddo. Dro arall byddai Ifan Roberts o ardal Tregarth yn galw a rhoi datganiad cerddorol o ryw emyn neu'i gilydd. Arferai ffarmwr arall o ardal Garndolbenmaen ofyn am ffurflenni ar ffurf pennill bob amser, a phwy all anghofio'r hen 'Syr Ifor' fel y'i gelwid, a gredai mai fo oedd perchennog y Mart yn Llangefni a'r Gaerwen. Galwai yn wythnosol yn rhoi gorchymyn i mi ffonio'r ddwy farchnad i gau ar unwaith. Byddwn innau yn codi'r ffôn a smalio siarad efo rhywun yn Llangefni neu'r Gaerwen, ac yn dweud yn ddigamsyniol yn ei glyw, *'I've just been instructed by Sir Ifor that the mart must close NOW?'*

Byddai'r hen frawd yn fodlon wedyn ac âi ymaith – er bod rhai pwysigion yn y swyddfa eisiau ffonio'r heddlu. Roedd yr hen fachgen yn hollol ddiniwed a'i ymweliadau yn rhoi dipyn o liw ar ambell ddiwrnod undonog. 'Sgwn i beth fu ei dynged?

Y diwrnod mawr ym Medi 1955.
Gwenlli a minnau yn priodi yng Nghapel Bethel, Y Waunfawr.

Tom Williams ac Annie ei briod.
Ein dau gyda rhieni Gwenlli, pan oeddem yn byw yn y Garreg Fawr.

Diwrnod cneifio yn y Garreg Fawr.
O'r chwith: Gwynfor Parry, W. Lloyd Hughes, Idris Owen, Robert Griffith, R. Gwynn Davies,
Richard Roberts (Dic 'Rystrad), Tom Williams, Emrys Lloyd Hughes ac O. P. Owen.
Roeddwn innau yno – yn hel y gwlân a thynnu'r llun.

Hen dŷ gwair y Garreg Fawr ar ei newydd wedd, yn wir ei wedd gwreiddiol, wedi ei symud, garreg wrth garreg, i Sain Ffagan yn 1984. Fe'i adeiladwyd yn 1544.

(Llun trwy garedigrwydd yr Amgueddfa)

Aelodau dosbarthiadau y WEA o Ddeiniolen a'r Waunfawr, gyda Cynan, athro'r ddau ddosbarth, ar bererindod i Eifionydd.

Timau y gogledd a'r de yn ymuno mewn rhaglen deledu 'Penigamp' yn Felin Fach, Ceredigion
i gystadlu yn erbyn ei gilydd.

Yn y rhes flaen mae aelodau tîm y de, Mari James, Dic Jones, Cassie Davies a Tydfor Jones,
ac yn y cefn Robin Williams (cyflwynydd), Gruffydd Parry, Harri Gwynn, Rol Williams ac I. B. Griffith.
(Bellach does ond Dic Jones a minnau ar ôl o'r naw uchod.)

Tim y gogledd (radio) yn y gyfres 'Penigamp' yn y Sarnau.
O'r chwith: Charles Williams (cyflwynydd), John Alun Roberts, Elfyn Pritchard, John Evans,
ac yn y cefn Rol Williams a Gwyn Williams (cynhyrchydd)

Gwenlli a Gethin, y mab

Cael fy anrhydeddu gan
Orsedd y Beirdd
yn Eisteddfod Dyffryn Lliw,
1980.

Gwenlli a minnau gyda Mel Charles, y pêl-droediwr pan oedd yn chwarae i dîm
Porthmadog. Cefais lifft ganddo yn ei gar unwaith o'r 'Stiniog i Borthmadog
– nefar agen!

Mwynhau seibiant o gerdded erwau Gwaun Cwm Brwynog efo Harri Parri, ger adfeilion hen gapel Hebron.

Pedwar ohonom o staff Adran Milfeddygol y Weinyddiaeth Amaeth yng Nghaernarfon, yn disgwyl am hofrennydd yr RAF o'r Fali i'n cludo i Enlli i archwilio defaid oedd o dan amheuaeth o fod wedi'i heintio â Chlwy y Traed a'r Genau. Y tri milfeddyg yn y llun yw Desmond Owen, Tommy Thomas a Roy Jones.

Gwenlli, Gethin a minnau yn wahoddedigion priodas.

Aelodau Clwb Eryri ar ymweliad â Chwarel Llechwedd

Poster 1

MAE

PARTI ERYRI

yn dod i

NEUADD Y DREF, DINBYCH

Nos Sadwrn, Tachwedd 8fed

am 7.30   1969

Dyma Barti Noson Lawen Gorau Cymru

Tocynnau 4/-   Plant 2/-

Dan nawdd Ysgol Feithrin Dinbych.

Argraffwyd gan J. Lloyd Roberts a'i Gwmni, Llanrwst

Poster 2

BBC CYMRU
BBC WALES

'Penigamp'

Awr o ddifyrrwch a chystadlu yng nghwmni

JACOB DAVIES
HARRI GWYNN
GRUFFUDD PARRY
ROBIN WILLIAMS
ROL WILLIAMS

Nos Fawrth, Tachwedd 28, 1972
yn NEUADD Y PENTREF, CWM NANTCOL

am 7.30 p.m. (drysau'n cau am 7.25 p.m.)

Dwy raglen a ddarlledir ar BBC Cymru Radio 4, dydd Mercher, Rhagfyr 13, 1972 a dydd Mercher, Rhagfyr 27, 1972

Dim mynediad i blant dan 12 oed

Poster 3

ELW AT RADIO C.&A. BANGOR

CYNGERDD MAWREDDOG

SINEMA'R   MAJESTIC   CAERNARFON

NOS SUL, CHWEFROR 5ed, I DDECHRAU am 7-30

(DRYSAU YN AGORED AM 7.00)

AR LÔG   CÔR GODRE'R ARAN

PARTI ERYRI   TONY JONES

ROSALIND LLOYD A MYRDDIN

ANWYN A JANET

Arweinydd   ROL WILLIAMS

TOCYNNAU: Oedolion £1·25 : Plant 75c

TOCYNNAU AR WERTH YMLAEN-LLAW GAN   SINEMA'R MAJESTIC.

CANOLFAN TANYBONT   SIOP Y MODUR, BONT BRIDD, C'FON.

GRAY THOMAS   PEN DEIST   CAERNARFON

(GWNEWCH YN SIWR O'CH TOCYNNAU YN FUAN)

'PENIGAMP'

Awr o ddifyrrwch a chystadlu ar y teledu
yng nghwmni
ROBIN WILLIAMS   GRUFFUDD PARRY
HARRI GWYNN   ROL WILLIAMS
I.B.GRIFFITH

nos Iau, Medi 4ydd 1975
o Wersyll yr Urdd, Glanllyn, Y Bala
Agorir y drysau am 7.10 o'r gloch
Drysau'n cau am 7.30 o'r gloch

Teledir y ddwy raglen ar BBC CYMRU
yn yr Hydref
Dim mynediad i blant dan 12 oed

EISTEDDFOD YR URDD
DYFFRYN NANTLLE AC ARFON 1990

Noson i'w chofio

PARTI ERYRI

HOGIA'R WYDDFA

ROSALIND A MYRDDIN

TREFOR SELWAY A ROL WILLIAMS

Ysgol Brynrefail, Llanrug
Nos Wener, 24 Tachwedd 1989
am 7 o'r gloch

Mynediad £2; Plant a phensiynwyr £1

Parti Eryri – parti Noson Lawen o'r radd flaenaf a fu'n diddanu cynulleidfaoedd yng Nghymru a Lloegr ac a
gyfrannodd droeon i'r rhaglen deledu boblogaidd 'Hob y Deri Dando'.

Pennod 8

Diddanu Cynulleidfaoedd

Yn niwedd pedwardegau'r ganrif ddiwethaf symudodd teulu o'r Fachwen i fyw i Frynrefail a bu eu dyfodiad yn ychwanegiad o fudd amhrisiadwy i fywyd crefyddol a diwylliannol y pentref. Teulu'r Morrisiaid oeddynt, sef William Morris a'i briod, a'u dau blentyn, John a Ceinwen. Roedd mab arall, David Closs, wedi ei ladd yn yr Eidal. Roedd John hefyd wedi gwasanaethu yn y fyddin yn India.

Yn gynnar iawn wedi iddynt ddod atom, daeth John a minnau'n gyfeillion mawr. Athro ysgol oedd John a bu'n dilyn yr alwedigaeth honno yn Llangefni a Llanrug cyn ei benodi ymhen amser yn brifathro Ysgol Deunant, Aberdaron. Roedd John wrth ei fodd yn Llŷn a gwn fod pobol dda gwlad Llŷn yn mawrygu parodrwydd ac ymroddiad John i bob agwedd o fywyd yn y penrhyn.

Yno, ym 1977 ar draeth Porthoer, fel y cofir, y bu i John golli ei fywyd, ynghyd â bachgen o'i ysgol tra'n ceisio ei achub o'r môr. Ac er treiglo'r blynyddoedd fe erys atgofion melys am John o hyd, ac nid yw'r clwyf o'i golli'n gwella dim.

Person cymwynasgar, aml ei ddoniau oedd John Morris, yn fardd, pregethwr lleyg, cynghorydd dosbarth, sosialydd, Cristion o'r radd flaenaf, arweinydd cyngherddau ac eisteddfodau a ffrind i'r carn. Cyn symud i wlad Llŷn, bu John a minnau yn cyd-ddiddanu cynulleidfaoedd mewn nifer o gyngherddau a nosweithiau llawen, math o act-ddwbl yn holi ac ateb ein gilydd.

Bryd hynny roedd Festri Brynrefail yn fwy na llawn o hen bianos, oedd yn amlach na pheidio wedi cael eu cynnig i swyddogion y capel gan wahanol aelodau oedd angen eu lle. Doedd fiw i'r swyddogion wrthod ac felly, rhag pechu, roeddynt yn y festri a bron bob un i bob pwrpas yn ddiffygiol o unrhyw ddefnydd cerddorol.

Gweinidog capel Brynrefail, a Chwm-y-glo, ar y pryd oedd y Parchedig Glyn Meirion Williams a ddaeth yno o Sir Drefaldwyn. Does ond un disgrifiad ohono, sef 'hen foi iawn'. Roedd yn hynod barod i ymroi i wahanol ddigwyddiadau'r pentref, hyd yn oed bod yn reffarî gêm bêl-droed rhwng y dynion priod a'r hogia sengl ddiwrnod ar ôl y Nadolig!

Fe sefydlodd glwb ieuenctid perthynol i'r capel yn y pentref, a John a minnau yn ei gynorthwyo. Roedd digon o dalentau ymysg aelodau'r clwb, ond doedd gennym ddim piano gwerth chweil i ymarfer. Dyma benderfynu ffurfio parti noson lawen i fynd o gwmpas i ddiddori a gobeithio hel digon o arian i brynu piano ail-law go lew. Y man cyntaf i ni ddiddanu ynddo oedd neuadd nid anenwog a berthynai i'r Eglwys yng Nghymru yng Nghaernarfon, sef 'Feed my Lambs'.

Aeth llond bws ohonom i'r dre er mai dim ond chwech neu saith ohonom oedd yn cynnal y noson. Chwarae teg i ferched yr eglwys, roeddynt wedi darparu danteithion ar ein cyfer yng nghefn y neuadd, ac wedi rhoi lliain gwyn dros y cyfan cyn mynd i mewn i'r neuadd i glywed yr adloniant.

Ond rywsut rywfodd llwyddodd criw bychan o aelodau'r clwb i lithro i mewn i'r neuadd trwy'r cefn a gwneud dipyn golew o 'lanast' ar y danteithion, fel nad oedd fawr ddim ar ôl i ni'r rhai fu'n chwysu am awr dda i ddiddanu'r gynulleidfa!

Heb os, dyna beth oedd *'feed my lambs'* go iawn!

Arferai tri ohonom, John Morris a'm brawd Ifan Wyn a minnau, dreulio sawl gyda'r nos yn ddi-feth wedi naw o'r gloch, haf a gaeaf, yn rhoi'r byd yn ei le ar ganllaw Pont Pen-llyn, y bont ddaeth yn adnabyddus yn sgil cerdd R Williams Parry i'r 'Tylluanod'. Ar noson o haf roedd ac y mae'r olygfa oddi ar y bont tua'r Wyddfa draw dros ddyfroedd y llyn yn eithriadol ac wedi denu llygaid sawl arlunydd a gŵr camera.

Am ryw reswm dechreuais ddynwared rhai o wŷr adnabyddus y cyfnod hwnnw, gwŷr fel Bob Owen Croesor, Cynan, Llwyd o'r Bryn ac eraill, gan gynnwys Churchill. Daliwn ar y cyfle i ymarfer y dynwared gyda'r ddau arall ar y bont, er cryn ddiflastod iddynt mae'n siŵr!

Yna cafodd John a minnau wahoddiad i ddiddanu aelodau Cymdeithas Capel Tregarth yn eu dathliad ar Ddydd Gŵyl Dewi. Daeth y gwahoddiad trwy law un o flaenoriaid y capel, sef y diweddar Tom Powell Jones oedd â chysylltiad â Brynrefail gan fod ei briod wedi'i magu yn y pentref.

Llywydd y cyfarfod oedd yr Athro Idris Foster ac yn ystod yr egwyl sylwais fod John mewn sgwrs â'r Athro. Yna, ar gychwyn ail ran y cyfarfod, cyhoeddodd yr Athro iddo gael ar ddeall fy mod i'n dynwared rhai o enwogion y genedl, a'm gwadd i ddod ymlaen i ddiddori pobol dda Tregarth. Bu bron i mi lewygu pan glywais hyn, ac wedi edrychiad o anfodlonrwydd llwyr i gyfeiriad John, mentrais ymlaen yn hynod nerfus o flaen y gynulleidfa ddisgwylgar.

Diolch i'r drefn, cefais wrandawiad calonogol a rhoddodd hynny ddyhead ynof i gyflwyno eitem o ddynwared enwogion pan oeddwn yn cymryd rhan mewn nosweithiau llawen o hynny ymlaen.

Bu parti o enethod ifanc o Ddeiniolen, o dan hyfforddiant Hughie Jones, yn llwyddiannus mewn cystadleuaeth cerdd dant yn yr Eisteddfod Genedlaethol, ac yn sgil y llwyddiant hwn, a llwyddiant gŵr ifanc o Benisa'r-waun, sef Napier Williams, ar yr unawd tenor dan bump ar hugain oed yn Eisteddfod Genedlaethol Dolgellau yn 1949, penderfynwyd sefydlu parti noson lawen. Daeth Jack Maldwyn Roberts, a Hughie Jones, y ddau o Ddeiniolen, i'n rhengoedd; dau chwarelwr diwylliedig oedd yn dra hyddysg yn y grefft o ganu cerdd dant. Chwarelwr dawnus arall oedd John Griffith, Cae'r Bythod, ac ef oedd y cyfeilydd. Parti Iolen oedd yr enw a roddwyd ar y parti, a John fyddai arweinydd y noson a minnau yn cyflwyno adroddiadau digrif – a dynwared! Erbyn hynny roeddwn yn falch fod John wedi agor ei geg, fel tae, yn Nhregarth rai wythnosau ynghynt.

Roedd Napier hefyd wedi bod yn gweithio yn y chwarel cyn newid cyfeiriad a mynd yn swyddog gyda'r gwasanaeth ieuenctid. Roedd ganddo lais tenor hyfryd iawn ond byddai ei nerfau yn dylanwadu ar ei berfformiadau nes peri iddo anghofio geiriau'r gân ambell dro.

Cofiaf i'r parti ymweld â Phenmachno un noson ac ar y ffordd yno dywedodd Napier wrthyf fwy nag unwaith ei fod yn gobeithio na fyddai'r tenor adnabyddus o'r pentref, Ritchie Thomas, yn bresennol yn y gynulleidfa, gan ei fod yn bwriadu canu'r unawd fyddai Ritchie yn ei chyflwyno mor rhagorol, sef 'Arafa Don'. Yn wir, cyn gynted ag y cyrhaeddom y neuadd rhuthrodd Napier i'r llwyfan ac wedi sbecian rhwng y llenni, trodd ataf gan ddweud yn llawn pryder, 'Ydi, mae o yma, yn eistedd reit yn y canol.'

Wrth reswm, pan ddaeth cyfle Napier druan i gyflwyno 'Arafa Don' roedd wedi gweithio ei hun i'r fath stad o nerfusrwydd fel yr anghofiodd y geiriau ar ganol y gân. Ond ailgychwynnodd a magodd ddigon o hyder i roi perfformiad mor ganmoladwy fel y sylwais fod Ritchie Thomas ymysg y rhai mwyaf eiddgar i ddangos ei gymeradwyaeth i'r cyflwyniad.

Ymysg amryw droeon hwyliog a ddaw i'r cof wrth sôn am Barti Iolen cofiaf am un nos Sadwrn a ninnau'n trafaelio ar fws i Gorwen i gynnal cyngerdd. Roedd yn noson wlyb ac oer a'r stêm dros ffenestri'r bws, ac wrth fynd drwy bentref Cerrigydrudion gofynnodd Jac Maldwyn i Hughie, 'Lle ydan ni dŵad, Hughie?'

Cliriodd Hughie'r stêm oddi ar y ffenestr wrth ei ochr cyn cyhoeddi, 'Newydd basio Saracen'.

Gwesty yw'r Saracen, ond ynganu'r gair yn y Gymraeg wnaeth Hughie Jones.

'Pasio ble?'

'Pasio Saracen, wyt ti'm yn clywad 'da?'

Wrth gwrs, gŵr wedi'i drwytho yng ngofynion cerdd dant oedd Hughie ac yn naturiol felly iddo ef doedd yna ddim gwahaniaeth rhwng ynganu 'Saracen' a 'croesacen' o'r byd cerdd dant.

Un noson roeddem yn diddanu cynulleidfa yn Efailnewydd, ger Pwllheli. Yno yn y gynulleidfa yr oedd Leila Megane, y gantores enwog, a oedd wedi ailbriodi a dod i fyw i'r pentref. Ar derfyn y noson cawsom ein cyflwyno iddi ac wrth ysgwyd llaw â mi, cyfeiriodd at y cyfnod pan oeddwn, yn ei thyb hi, wedi bod yn cael gwersi canu gan ei chyn-briod, Osborne Roberts.

Ceisiais fy ngorau i'w darbwyllo nad gwir hynny a'i bod wedi gwneud camgymeriad.

'Na, na, does ddim angen i chi fod yn swil. Mi rydwi'n eich cofio chi'n iawn yn dŵad at Osborne.'

Doedd dim allwn i ei ddweud i'w darbwyllo nad gwir yr honiad, ac yn ystod y sgwrs cofiaf i Napier, a safai wrth fy ochr, borthi'r fath ddatganiad a chadarnhau fy swildod honedig.

Wrth gwrs roedd tipyn go lew o dynnu coes yn y bws wrth fynd adref, ond y gwir oedd na fûm erioed yn cael gwersi canu gan Osborne Roberts na neb arall, ond doedd neb yn meiddio anghytuno â pherson mor adnabyddus â Leila Megane!

Roeddwn yn arwain noson yn festri Capel Engedi yng Nghaernarfon rai blynyddoedd yn ôl, a chyn dechrau'r noson daeth y gweinidog, y Parchedig W. M. Jones ataf, i'm hatgoffa na fyddai unrhyw jôc na chyfeiriad at y ddiod feddwol yn dderbyniol o gwbwl, fel y bu'r mis cynt mewn rhyw gyngerdd neu'i gilydd a fu yn y festri. Yn sydyn sylweddolais fod un pennill o leiaf yn un o'r ddau adroddiad oedd gennyf yn sicr o darfu ar ddymuniadau'r Gweinidog, a'r pennill hwnnw yn gynwysedig yng ngherdd R. E. Jones i 'Byrti Ddu':

> Roedd Byrti Ddu yn ei gabin
> Cyn sobred ei wedd â sant,
> Yn llowcio 'rum' fesul galwyn
> Ac yn darllen Trysorfa'r Plant.

Roeddwn mewn picil go iawn gan nad oedd gennyf ond dau adroddiad yn fy *repertoire* fel tae. Doedd dim amdani felly ond aralleirio gan obeithio na ddwedai neb wrth R.E., a dyma sut y cyflwynais y pennill:

69

Roedd Byrti Ddu yn ei gabin
Cyn sobred ei wedd â sant
Yn llowcio Corona fesul galwyn
Ac yn darllen Llyfr Mawr y Plant.

Yn eistedd yn y gynulleidfa yr oedd Catherine Evans, athrawes Gymraeg yn Ysgol Brynrefail pan oeddwn yno, a sylwais iddi wenu. Tybed, tybed oedd hi wedi sylweddoli pam y bu i mi aralleirio? Buaswn wrth fy modd yn meddwl y byddai'n rhoi marciau gweddol uchel i mi am fy ymdrech farddonol a wnaed ar frys gwallgof.

Yna bûm yn aelod o barti noson lawen yn y Waunfawr ac eto cael andros o hwyl yn mynd o lan i lan yn weddol gyson. Cofiaf un aelod unigryw iawn yn y parti hwnnw yn dweud yn hollol ddifrifol wrthyf un noson ei fod wedi darganfod pam fod cynifer o ddamweiniau ar ein ffyrdd.

'Y rheswm ydi fod cymaint o ddreifars, wrth disian, o reidrwydd yn cau eu llygaid, felly yn trafaelio o un polyn teleffon i'r polyn arall a'u llygaid ar gau. Dyna i chdi pam fod damweiniau yn digwydd ar y ffyrdd.'

Yn cyd-ddiddanu â ni yn y parti hwnnw'r oedd gŵr o'r Waunfawr, William Hughes, 'Wil Garreg Fawr' i bawb yn y Waun. Os cofiaf yn iawn, ni fethodd Wil erioed â chael encôr i'w gyflwyniad bythgofiadwy o'r hen gân 'Dyn bach o Fangor wedi dod i'r dre'. Anaml iawn y byddaf yn clywed neb yn canu'r gân y dyddiau hyn.

Diddanwr arall y bûm yn ei gwmni bryd hynny oedd Richard Williams, o Gaernarfon, 'Dic Post' i bobol y dre'. Roedd ei gyflwyniadau slic hwyliog o rai o gymeriadau'r dref yn denu cymeradwyaeth bob amser. Cyfeiriai at siopwyr, fel y gŵr yn siop y 'Chemist' yn y Pendist, a'r gŵr wrth gownter siop enwog Roberts & Owen yn Stryd Llyn. Roedd i'r ddau ohonynt rai agweddau hollol unigryw yn eu cymeriadau a Dic yn eu hamlygu gymaint ag oedd modd. Un arall a ddynwaredai oedd arweinydd côr plant yn un o gapeli'r dre'. Bu Dic yn aelod yn y côr ar un adeg ac ar ddechrau pob ymarfer byddai'r arweinydd hwnnw yn rhoi gorchymyn i'r plant, 'Rŵan, blant, take Meh from me.'

Pan oedd nifer ohonom yn diddanu'r ymwelwyr yn un o westai Llanberis yn ystod misoedd yr haf, yr oedd merch ysgol yn cyfeilio i amryw o'r unawdwyr ac roedd y gynulleidfa o Saeson, a rhai o wledydd tramor, wedi'u cyfareddu gan allu'r ferch fach ddeuddeg oed. Ymhen amser daeth Cymru gyfan yn gyfarwydd â dawn anhygoel y gyfeilyddes honno, sef Annette Bryn Parri erbyn hyn.

Un arall fyddai'n rhannu'r llwyfan yn y gwesty hwnnw oedd y consuriwr hoffus, dawnus, a hynod drwsiadus o Gaernarfon sef Rovi, neu i roi ei enw bedydd, Ivor Parry ('Rovi' wrth gwrs oedd 'Ivor' wedi'i sillafu o chwith). Roedd Rovi wedi ennill sawl gwobr yn y byd consurio ond nid oedd yn awyddus i droi yn broffesiynol. Gwell oedd ganddo ddal ati fel argraffydd gyda chwmni'r Herald yng Nghaernarfon.

Wrth gwrs roedd yn ofynnol cael y *patter* angenrheidiol wrth gyflwyno'r gwahanol driciau, a chofiaf am Rovi yn gofyn i'r gynulleidfa a oeddynt yn gwybod sut i addysgu darn o raff?

Prysurai Rovi i ddangos sut i gyflawni hynny gan roi un pen i'r rhaff yn nwylo un o'r ymwelwyr, a'r pen arall yn nwylo un arall a eisteddai rai llathenni i ffwrdd.

'Sir, pull . . . Madam, will you pull as well?' ac yna yn cyhoeddi'n fuddugoliaethus, 'That rope is now tau(gh)t.'

Bonllef o gymeradwyaeth i ddilyn, ac yna cyflwynai'r tric nesaf fel a ganlyn:

'Ladies and gentlemen, I have had the pleasure of presenting this trick in front of the Prince of Wales' (cymeradwyaeth, wrth reswm), ac wedi saib yn ychwanegu, 'and other pubs in Caernarfon.'

Yn sicr, nid aiff Rovi a'i bersonoliaeth heintus, a'i barodrwydd bob amser i gynorthwyo pob achos da, fyth yn angof gennym ni a gafodd gyd-ddiddanu gydag ef dros nifer o flynyddoedd.

Rydwyf yn hynod falch fod un awgrym a wnes wrth ddau arall a fyddai'n cyd-ddiddanu yn y gwesty yn Llanberis wedi dwyn ffrwyth a llwyddiant cenedlaethol. Arferai Rosalind a Myrddin gyflwyno

71

unawdau yn ystod yr awr o adloniant yng ngwesty'r Victoria a mentrais awgrymu iddynt, er mwyn cael rhywfaint o amrywiaeth i'r rhaglen, y dylai'r ddau ganu deuawd. Erbyn hyn mae Cymru gyfan yn ymwybodol o'r pleser a'r llwyddiant ysgubol a ddaeth i ran y gŵr a'r wraig dalentog yma, a'u cyflwyniadau swynol yn dal i fod yn destun ceisiadau ar Radio Cymru. Fe gefais innau'r fraint o gyfansoddi geiriau i amryw o'u caneuon, fel 'Hen Lwybr y Mynydd', 'Ffernando', 'Yng ngolau'r lloer' a 'Rhywbeth bach o hyd' i enwi ond rhai.

Gwelodd Trebor Edwards a Timothy Evans yn dda i ddefnyddio geiriau 'Yr hen gapel bach', a Hogia'r Wyddfa, Aled a Reg, Emyr ac Elwyn, Parti Eryri, Rhian Owen a Sian Wyn Gibson yr un modd yn defnyddio geiriau eraill a gyfansoddwyd gennyf o bryd i'w gilydd.

Pennod 9

Parti Eryri

Sefydlwyd Parti Eryri yn 1964, â'r aelodau'n dod o dref Caernarfon a'r pentrefi cyfagos. Mae'n wir fod rhai o'r ddau ddwsin o aelodau wedi arfer perfformio ar lwyfannau fel aelodau rhyw gôr neu'i gilydd, ond profiad newydd i amryw oedd ymddangos ar lwyfan. Dyna a fu'r hanes mewn sawl neuadd yng ngogledd a de Cymru yn ystod y deng mlynedd y bu'r parti mewn bodolaeth. Roedd eu rhaglen yn hynod amrywiol, yn cynnwys eitemau cerddorol, adroddiadau a *sketches*, a oedd yn ddi-feth yn cael cymeradwyaeth pob cynulleidfa dros Gymru gyfan a chymdeithasau Cymraeg yn Lloegr.

Yn anffodus nid yw'r parti talentog hwn yn bod mwyach – 'pawb wedi mynd yn hen gyda'i gilydd' yw'r rheswm am hynny, medd un aelod.

Cefais innau'r fraint o fod yn arweinydd llwyfan i'r parti, gydag Ifor Hughes yn arweinydd yr eitemau cerddorol a'r diweddar Richard Hugh Morris (cyfeilydd Hogia'r Wyddfa wedi hynny) a Marcia Thomas yn gyfeilyddion.

Yn ystod pumdegau'r ganrif ddiwethaf roedd bri mawr ar raglenni ysgafn ar y teledu, rhaglenni fel *Hob y Deri Dando* ac *Ysgubor Lawen*. Mae'n siŵr nad oes neb o'm cyfeillion yn coelio i mi ganu deuawd efo Myrddin Owen (Hogia'r Wyddfa) ar un o raglenni *Hob y Deri Dando* – deuawd oedd yn ceisio portreadu dau werthwr nionod o Lydaw! Wrth gwrs, Glanville Davies (Clem *Pobol y Cwm*), fyddai'n cyflwyno'r gyfres boblogaidd honno. Ymddangosodd y parti ar raglenni Gwasanaeth Teledu Granada yn ogystal.

Byddai artistiaid a ddaeth yn adnabyddus yn ddiweddarach yn ymddangos ar *Hob y Deri Dando*, rhai fel Aled a Reg, Marilyn Haydn Jones, Iris Williams, Derek Boote, Tony ac Aloma, Hogia Llandygai, Hogia Bryngwran ac wrth gwrs Hogia'r Wyddfa. Bu cryn lwyddiant ar werthiant y disgiau a dorrodd y parti ac roedd enw Parti Eryri yn gyson uchel yn 'Siartiau'r Cymro'.

O'r dechrau roedd awyrgylch hwyliog yn bodoli ymysg yr aelodau a hynny'n sicr o gryn fantais i asio dau ddwsin o bobl ieuanc (bryd hynny!) a fedrai gyflwyno adloniant difrif a digrif o'r radd flaenaf am awr a hanner.

Gwelais sylw ysgrifennydd y parti ar un adeg, Alwyn Jones, mewn cylchgrawn ar y pryd. 'Mae trafaelio yn y bws i wahanol fannau yn 'Noson Lawen' ynddo'i hun ac o bosib fod hynny yn ein rhoi yn yr hwyl iawn cyn mynd ar lwyfan.' Gwir pob gair!

Un ffaith y rhyfeddwn ati oedd gweld neuaddau yn llawn pan aem i dde Cymru ar y nos Sadwrn – yn sicr, doedd hynny ddim yn digwydd yn y mwyafrif o neuaddau'r gogledd ar nos Sadwrn. Sylwais hefyd fod y gwahanol gynghorau yng Nghlwyd ac Ynys Môn wedi bod yn llawer mwy darbodus a meddylgar gyda'u cyfalaf na Chyngor Gwyrfai er enghraifft, drwy ddefnyddio'r arian i adeiladu neuaddau moethus ac amlbwrpas. Sawl pentref yn Arfon hyd yn oed heddiw all ymfalchïo fod ganddynt neuadd bentref?

Yn naturiol erys rhai ymweliadau gyda'r parti yn y cof yn fwy nag eraill. Cofiaf gyngerdd yn y Groeslon, ger Caernarfon, ar y diwrnod y bu farw David Lloyd, a'r gynulleidfa'n ymuno i ganu un o'i hoff emynau er cof amdano.

Roedd un cyfaill yn y parti yn ffansïo ei hun yn dipyn o unawdydd er mai ond un unawd oedd ganddo, a honno yn cael ei cham-drin braidd, sef 'Yr eneth ga'dd ei gwrthod'. Er atgoffa'r brawd fwy nag unwaith mai yn y fan a'r fan y gorweddai 'llwch yr eneth ga'dd ei gwrthod', mynnai yntau ganu mai yno gorweddai 'llwyth yr eneth'. 'Dim rhyfedd iddi gael ei gwrthod,' meddai rhyw hen wag!

Un noson yn Llanfair Caereinion fe brofwyd munudau annymunol. Wedi bron i ddwy awr o chwysu ac o roi boddhad i'r gynulleidfa, cododd henwr i roi'r diolchiadau. Roedd yn llawdrwm ei farn ar gerddoriaeth gyda'r gitâr ac yn edliw braidd fod cynifer o gynulleidfa wedi dod i'r neuadd y noson honno o'i gymharu â llond dwrn, fe ymddengys, oedd yno'r wythnos cynt yn gwrando ar noson o gerddoriaeth glasurol.

Ar derfyn ei ddiolchiadau – os yn wir mai dyna a gyflwynwyd – doedd 'na ddim cymeradwyaeth o gwbl. Gan mai fi oedd yn arwain, teimlwn yn hynod o annifyr ond eto credwn ei bod yn ddyletswydd arnaf ddweud rhywbeth gan fod un neu ddwy o'r merched yn y parti oedd ar y llwyfan yn barod i ganu'r anthem genedlaethol, yn teimlo'n bur ddigalon.

Yn sicr roedd yr awyrgylch yn anarferol iawn, ond diolchais i'r brawd a datgan yn gam neu'n gymwys fod 'bugeiliaid newydd ar yr hen fynyddoedd hyn'. Er mawr syndod ac yn sicr yn rhyddhad i mi, cododd y gynulleidfa ar ei thraed a chymeradwyo cyflwyniad y parti am rai munudau a'r emosiwn wedi treiddio i'r merched heb os.

Efallai mai'r foment fwyaf rhwystredig oedd un nos Sadwrn mewn noson lawen yn Neuadd y Dref yn Llangefni. Roedd cyngor y dref wedi gwario rhai miloedd ar adnewyddu'r neuadd gyda llwyfan a llenni drudfawr, goleuadau llachar a system sain ganmoladwy. Ar ben wyth o'r gloch dyma finnau fel arweinydd y noson yn camu o flaen y llenni, a'r parti yn sefyll y tu ôl iddynt yn barod i gyflwyno'r gân agoriadol.

Wedi i mi groesawu'r dorf a dweud gair neu ddau am Barti Eryri, cerddodd y gyfeilyddes, Marcia Thomas, ataf a golwg bryderus iawn arni. 'Ble mae'r piano?' gofynnodd, 'Do's 'na'm piano yma?'
'Wyt ti'n siŵr?'
'Na, mi'r ydwi wedi chwilio ond wela i ddim piano yn unlle.'

Ac yn wir, er gwario'n hael ar y neuadd roedd Cyngor Tref Llangefni un ai yn teimlo nad oedd angen piano yn y neuadd ar ei newydd wedd, neu wedi anghofio'n llwyr.

Diwedd y gân – er na fu canu o gwbl – oedd i drefnwyr y noson orfod rhoi'r tâl mynediad yn ôl i'r gynulleidfa ac aeth aelodau Parti Eryri, yn eu siom, i dafarn gyfagos i foddi eu gofidiau.

Dyna beth oedd embaras, chwedl Ifas y Tryc.

A sôn am biano, cofiaf noson yn Neuadd Rhyd-ddu. Yno yr oedd piano nad oedd yn ymateb yn gerddorol o gwbl oni fyddai bricsen oddi mewn i'w ffrâm wedi ei gosod mewn man arbennig. Un gŵr yn unig oedd yn gwybod ble'r oedd y man hanfodol hwnnw, sef Griffith Jones, y gofalwr.

Dro arall bu raid cario piano o dŷ cyfagos i'r neuadd yn Harlech, a hynny yn y tywyllwch ar draws sawl gardd, er mawr ddifyrrwch i bawb am ryw reswm!

Cawsom englyn o waith y Parchedig Robert Williams wrth ddiddanu ym Mhenrhosgarnedd:

> Yr arwyr o Eryri – yn ifanc
>   Yn nwyfus a heini,
> Heno ddaeth yn ffraeth a ffri
> A'u llawenydd i'n llonni.

Fy nghyfraniad i Noson Lawen Parti Eryri fyddai nid yn unig arwain ond hefyd gyflwyno eisteddfod ddychmygol pan fyddai gwahanol unigolion enwog yn adrodd eu fersiwn nhw o 'Llongau Madog', gan orffen gyda'r Co Bach yn cyflwyno ei fersiwn ef:

> 'Stagio'n miglo un deg tri
> O longa' bach o cei bach ni,
> Stagia Madog – dewr o go
> Ordro pawb i neud fel fo;
> Mynd y mae i roi ei begla
> Ar le na stagiodd neb tro d'wtha,
> A'tur e'byd paid a sôn
> Ydi stemar bach Sir Fôn!'

Yn ogystal, os oedd y cyfleusterau'n dderbyniol, byddwn yn meimio oddi ar beiriant recordio cân enwog Danny Kaye, 'The Ugly Duckling'. Ffaith ac nid brolio yw cofnodi na fethais yr un tro â derbyn encôr wrth ei chyflwyno, ond fe gefais ambell funud anniben.

Credaf mai ym Mhenrhosgarnedd ger Bangor yr oeddem a minnau wedi dweud wrth y gŵr oedd yn gyfrifol am roi'r peiriant ymlaen tu ôl i'r llenni am roi'r nodwydd yn y rhych cywir pan fyddwn, wrth gyflwyno'r eitem, yn dweud y ddau air 'Danny Kaye'. Ond rywsut rywfodd fe fethodd y cyfaill â rhoi'r nodwydd yn y rhigol, a minnau'n sefyll ar y llwyfan yn llawn embaras yn clywed y tu ôl i mi'r 'ch-ch-ch-ch' wrth i'r nodwydd droi yn ei hunfan a'r gynulleidfa yn hanner cydymdeimlo a hanner chwerthin. A minnau, wrth reswm, yn melltithio dan fy ngwynt!

Doeddwn i ddim efo'r parti pan aethant i ddiddanu i un o gapeli Cymraeg Lerpwl. Er mwyn dal ar y cyfle i wneud rhywfaint o siopa yn y ddinas fawr, cychwynnwyd yn weddol gynnar a pharcio'r bws ar ddarn o dir diffaith heb fod ymhell o'r capel. Pan ddaethant yn ôl i'r bws yn hwyr y prynhawn roedd rhai o'r Scowsars wedi torri i mewn iddo, wedi dwyn a rhwygo dillad llwyfan y merched ac wedi malu'r copïau cerddoriaeth a'u taflu hyd lawr y bws ym mhobman. Ond caed noson lwyddianus, er gwaethaf yr annifyrrwch.

Ni allaf byth anwybyddu dreifar hwyliog a pherchennog y bws a'n cludodd i bob cwr o Gymru, y diweddar Eric Morris. Roedd wrth ei fodd yn dod am benwythnos gyda ni, a mawr oedd y tynnu coes.

Mwynheais yn fawr y blynyddoedd hynny gyda Pharti Eryri a gorffen yn addas iawn yng Ngwesty'r Eryr yn Llanrwst.

O dro i dro pan nad oedd yn bosib i mi fod yn bresennol, arferai Trefor Selway neu Idris Charles neu Charles Williams ei hun gymryd yr awenau, a sawl tro y clywais Charles yn datgan y pleser a gâi o fynd gyda Pharti Eryri, a'r parti hwythau'r un mor falch o'i gael yntau yn eu mysg. Gan i mi gyfeirio at Charles, efallai mai buddiol fyddai cyfeirio at y gwahoddiad a ddaeth iddo ef a'i briod, Jini, i fod ymysg gwesteion y Frenhines a'i gŵr ar y *Royal Yacht* pan fu i honno ollwng angor tu allan i Gaergybi un noson. Pan glywais gan Charles am y noson ac yntau druan, mae'n ymddangos, wedi dioddef oherwydd methu'n lân a chanfod toiled ar yr iot frenhinol, teimlwn fod yr amgylchiad yn haeddu pennill neu ddau.

Prysuraf i ddweud iddo dderbyn yr isod gyda gwên a boddhad, a diolch i'w fab, y Parchedig W. R. Williams, am gytuno i mi gynnwys y penillion.

Daeth cennad gweddol bwysig
I Fodffordd yn Sir Fôn
I wahodd Charles a Jini,
Wel, dyna beth yw'r sôn,
I dreulio noson ddifyr
Seven thirty on the dot',
Ynghyd â bonedd Gwynedd
Ar fwrdd y *Royal Yacht.*

Mae'r gŵr yn berchen enw
Brenhinol iawn, bid siŵr,
A theilwng ddau i'w gwahodd
Am swper ar y dŵr;
I siop yn ninas Bangor
I brynu ffrog yr aed,
'Dim ond y *best,*' medd Jini
'I gyrraedd at fy nhraed.'

Am wythnos bu ymarfer
I blygu dau ben-glin,
Er mwyn y moesymgrymu
Wrth ysgwyd llaw â'r Cwîn;
A'r diwrnod mawr a wawriodd
A Jini oedd o'i cho',
Yn brysur smwddio hyn a'r llall
I bopeth fod *just so.*

Cychwynnwyd am Gaergybi
Am chwech, reit ar y dot,
Er mwyn cael bod yn brydlon
Ar fwrdd y *Royal Yacht.*

I fyny'r grisiau dringwyd
Yn nerfus ac yn swil
Ac yno yn eu disgwyl
 Yr oedd y Cwîn a Phil.

Gerllaw roedd gŵr mewn lifrai
O felfed drud, bid siŵr,
Yn galw'r enwau allan
Er llês y Cwîn a'i gŵr;
'Your Majesty, please welcome
A couple, most sincere.
Charles Williams and his Mrs
From Bodffordd – just by here.'

Gofynnodd y Frenhines
I'r gŵr a gurai'r drwm,
'Is he not Harri Parri
I see on 'Pobol y Cwm?'
'With due respects' atebodd
'I think that is not true,
Unless I am mistaken
This man, is Dr Who!'

Am awr neu ddwy bu'r gwledda
Doedd dim, wrth gwrs, yn brin
'Rhen Charles yn llyncu'r wisgi
Ac ambell joch o *gin*;
Ar ôl yr holl ddiodydd
Wrth gwrs, roedd angen ffoi
A Charles mewn poen 'sio toiled
A hynny'n ddiymdroi.

Ymlwybrodd ef a chyfaill
I lawr y grisiau'n slei,

Ond dyma lais go bwysig
Yn gweiddi'n uchel, '*Hey,*
I'm sorry, Sir, but protocol
That way for you is not.'
A rhaid i Charles fu dioddef –
Peth cas ar *Royal Yacht!*

Ond toc, bu raid ymadael
A'r Cwîn a'r Diwc mhen sbel,
A throi i'r lan yn frysiog
Fel llu o'r bobol swel;
I Charles heb os, peth cyntaf
Ddymunai wneud, bid siŵr,
Oedd chwilio yng Nghaergybi
Am addas le i 'neud dŵr.

Ac wrth drafaelio adref
I Fodffordd yn yr hwyr,
Fe glywid deuawd hyfryd
Gan ddau 'di plesio'n llwyr;
Wrth groesi pont Caergeiliog
Fe godai'r gân i'r nef,
'Rhen Charles a Jini'n morio
'Britannia rules the wave!'

Pennod 10

Darlledu a Theledu

Yn fy nghyflwyniad i'm llyfr *Bysus Bach y Wlad* yn 1970, dywedais i mi gyflwyno'r llyfr i'm gwraig, Gwenlli a'r mab, Gethin am iddynt 'roi glo ar y tân tra byddwn i'n galifantio mewn Nosweithiau Llawen'. O edrych yn ôl, mae'n siŵr i mi galifantio cryn dipyn dros y blynyddoedd.

O dro i dro byddwn yn cymryd rhan mewn ambell raglen radio, gan ddarlledu am y tro cyntaf ym mis Medi 1947 wrth roi sgwrs ar y radio ar ddringo'r Wyddfa yn ystod 'y naw nos ola' fel y'u hadnabyddid. Bryd hynny doedd 'na ddim llawer o ddarllediadau yn y Gymraeg, ond ambell noson caed sgyrsiau cwta o ychydig funudau ar ôl y bwletin newyddion gyda'r nos am chwech. Yn wir, mae'n anodd coelio fod trigain mlynedd ers hynny, ond yn naturiol mae'r amgylchiad yn fyw yn fy nghof o hyd, pe bai ond am yr angen i mi fod yn y stiwdio ym Mron Castell, Bangor erbyn tri i ymarfer ac ymarfer ac ymarfer, nes roeddwn wedi blino mwy nag oeddwn ar ôl dringo'r Wyddfa'r nos Sadwrn cynt!

Yn nhreigliad amser cefais wahoddiad i fod yn aelod o banel beirniad y rhaglen boblogaidd honno ar y radio *Sêr y Siroedd* pan oedd timau ieuenctid gwahanol siroedd Cymru a Chymry Llundain yn cyflwyno eitemau adloniadol a chystadlu yn erbyn ei gilydd. Cofiaf fod Margaret Williams, Idris Charles a Hogia Bryngwran – pawb yn ifanc bryd hynny – yn nhîm talentog Sir Fôn ac yn nhîm Cymry Llundain roedd Ryan Davies a Rhydderch Jones.

Gyda ni ar y panel yn y stiwdio ym Mangor roedd un stiwdant

ifanc o'r Brifysgol, gŵr a ddaeth yn amlwg wedi hynny ym myd y cyfryngau, sef Euryn Ogwen Williams.

Rhaglenni eraill y bûm yn cyfrannu iddynt oedd *Wedi'r Oedfa* a *Rhwng Gŵyl a Gwaith*. Yn bersonol, a gwn fod eraill o'r un farn â mi, byddaf yn gresynu fod y rhaglenni hyn wedi eu dileu, am iddynt fod yn gyfle i rai, fel y buont i mi, gyflwyno sgyrsiau cwta ar wahanol bynciau am y tro cyntaf ar y radio. Roeddynt yn rhaglenni pur boblogaidd, fel yr oedd y llyfryn a gyhoeddwyd yn flynyddol yn cynnwys rhai o'r sgyrsiau hynny.

Yna, cefais flynyddoedd o fod yn aelod o dîm y Gogledd yn y rhaglen *Penigamp*, y blynyddoedd cyntaf ar y radio gyda Gwyn Williams a Harri Gwynn yn gynhyrchwyr.

Ar y radio, fy nghyd-aelodau oedd y Prifardd John Evans, John Alun Roberts, Elfyn Pritchard ac am gyfnod Harri Parri, gyda Charles Williams yn cyflwyno. Cefais lawer o hwyl gyda John Alun, gŵr ffraeth a hoffus dros ben.

Unwaith, a ninnau'n recordio'r rhaglen radio mewn canolfan ger Caergybi, galwodd John Evans yn ein cartref ni yn y Waunfawr er mwyn cael dod gyda mi yn y car. Yn digwydd bod, roedd Gwenlli y wraig a minnau ar fin dechrau'n cinio a minnau wedi dod a dwy stêc reit nobl o Gaernarfon y bore hwnnw. Wrth gwrs, gofynnodd Gwenlli i John Evans a oedd wedi cael cinio. Er mawr syndod atebodd yntau nad oedd, a holodd Gwenlli a oedd y prifardd yn hoffi stêc. 'Wrth fy modd, ew dipyn o syrpreis cael stecan, Mrs Williams,' atebodd John Evans.

A chyda'i charedigrwydd arferol, rhoddodd Gwenlli ei stecan hi i'r Prifardd i'w mwynhau ac efallai wrteithio'r awen.

Ond, chwarae teg i John Evans, fe anfonodd yntau'r englynion canlynol i ni ymhen diwrnod neu ddau, wedi eu cyfansoddi, medda fo 'ar y ffordd yng ngherbyd Mistar Crosville'.

> Un dwyflwydd llon a diflin – gwyrth o beth
>   'Gwerth y byd' yw Gethin,
> Daw o'i wedd rhyw ryfedd rin,
> Yn ffrwd i'ch byw cyffredin.

82

A Gwenlli fydd yn ganllaw – a Rolant
  A'i arolwg distaw,
Yna'n ddewr, Gethin a ddaw
Yn ddyn pan wêl ei ddeunaw.

Ni fu i neb na chynt nac wedyn ddatgan fy mod i'n distaw arolygu!

Fe newidiwyd y tîm a dod â Gruffudd Parry, Harri Gwyn a Robin Williams i mewn, ac, am ryw reswm hollol anesboniadwy, y fi oedd yr unig un o'r hen griw a drosglwyddwyd i'r garfan newydd, gyda Jacob Davies yn cyflwyno.

Arferai Gruffudd Parry a minnau deithio i'r gwahanol ganolfannau yng nghar mini Robin Williams, a heb os roedd y sgwrsio difyr a gaem wrth fynd o lan i lan yn hynod o bleserus a'r ffraethineb yn cwtogi pob siwrnai.

Yna penderfynodd y BBC roi'r rhaglen ar y teledu, ac o bosib ni fu'r weithred honno yn llesol. Cyflwynwyd y rhaglenni hynny gan Robin, a daeth Ifor Bowen Griffith yn aelod yn ei le. Y ddau dîm oedd Gruff ac I.B. yn herio Harri a minnau, gyda Teleri Bevan yn cynhyrchu.

Wele isod fy ymgais yn un o raglenni *Penigamp* i gyfarch Môn pan oedd yr ynys yn rhan o Wynedd:

Môn mam Cymru, sy'n chwaer i'r Iwerddon,
Yn gyfnither i'r Scilly – na, byddai hynny yn wirion.
Os chwaer i'r Iwerddon, mae'n fodryb i Enlli,
Yn nain i Seiriol a chwaer yng nghyfraith i Caldy.
Ei thad newydd yw Gwynedd, a Môn ddaw yn union
Yn hanner chwaer felly i Arfon a Meirion.

Ar ganol y rhaglenni teledu roedd angen i ni, aelodau'r ddau dîm, roi mwgwd am ein llygaid cyn bwrw iddi i geisio dyfalu pwy oedd y person gwadd oedd erbyn hynny wedi dod i eistedd wrth ochr y cyflwynydd, ac a fyddai'n ateb ein cwestiynau ni amdano neu amdani.

Yng Ngwersyll yr Urdd yng Nglan-llyn yn y saithdegau fe recordiwyd dwy raglen, ond caed anffawd cyn dechrau'r ail raglen a fi gafodd y bai er fy mod yn hollol ddifai a dweud y gwir.

Y drefn oedd i aelodau'r ddau dîm o ddau newid eu dillad wedi'r rhaglen gyntaf ac aethom i un o'r cabanau oedd yn y gwersyll i wneud hynny. Ymddengys i mi ddod allan o'r caban pan ddaeth y person gwadd, sef John Roberts Williams, allan o'i gaban ef am smôc. Pan welodd fi, er na welais i mohono fo, aeth i dipyn o banig. Ymddengys iddo geisio cuddio ac wrth wneud hynny baglodd John ar draws ceblau'r uned deledu a thrwy hynny grafu croen ei wyneb yn y graean oedd ar y llawr.

Gan fod y rhaglen ar fin dechrau roedd yr anafiadau a gafodd John yn creu dipyn o anesmwythyd. Doeddwn i na'r gweddill yn ymwybodol o hyn ac felly i mewn i'r neuadd â ni yn ein dillad gwahanol i ddechrau'r ail raglen.

Os cofiaf yn iawn, ni fuom yn llwyddiannus yn canfod pwy oedd y gŵr gwadd ac yna ar orchymyn Robin Williams fe dynnodd pawb ei fwgwd a gweld John Roberts Williams yn eistedd yn ei gadair gydag andros o blastar ar ochr ei foch, i geisio rhwystro'r gwaed, mae'n ymddangos. Yna, wedi gorffen y rhaglen, yn naturiol gofynnodd un o'r criw pam fod gan John blastar ar ei wyneb. 'Arno fo mae'r bai', meddai gan bwyntio'i fys ataf i. Yn naturiol, doedd gen i ddim syniad at beth yr oedd yn cyfeirio, gan nad oeddwn i wedi gweld John ynghynt, er iddo ef fy ngweld i fel y soniais. Yn nhreiglad amser bu'r digwyddiad yn destun hwyl i'r ddau ohonom, ond nid ar y noson.

Dro arall, a ninnau'n recordio yn neuadd Cwmlline yn Nhrefaldwyn, awgrymodd Robin y byddai o fudd i ni, wedi gadael Dolgellau, fynd ar hyd y ffordd gul drwy Tabor, i weld ardal y Crynwyr gynt.

Ond pwy oedd yn cerdded yno ond Meredydd Evans a'i briod, Phyllis. Wedi'n holi i ble'r oeddem yn mynd, atebodd yntau ei fod ar ei ffordd i'w hen gynefin yn Nhanygrisiau. Wedi ffarwelio, ymlaen â ni ein tri am y ganolfan yng Nghwmlline, ond, a hwnnw'n *ond* o bwys ymysg y tri yn y mini, beth yn hollol oedd gwir bwrpas Merêd a Phyllis wrth ymweld â'r fro? Ia, wrth gwrs, Merêd oedd gŵr gwadd y rhaglen honno a'r gath wedi dod allan o'r cwd yn Nhabor!

O'r pedwar oedd yn aelodau o dîm y Gogledd ar y teledu does ond y fi ar ôl, a Dic Jones yr unig un o dîm y De.

Am rai wythnosau yn 1964 bûm yn cyflwyno recordiau (cyn bodolaeth CDs) ar brynhawn dydd Iau o Neuadd y Penrhyn ym Mangor a chychwyn cyfeillgarwch â Gwyn Williams, y cynhyrchydd, sydd yn dal hyd heddiw. Enw'r rhaglen oedd *Wrth y Ford Gron* a derbynnid ceisiadau lu am glywed David Lloyd bob wythnos.

Ar sawl Sul mewn cyfnod o bymtheg mlynedd bûm yn cyflwyno fy newis i o raglenni radi'r wythnos a fu yn *Wythnos i'w Chofio*. Golygai hyn wrando cyson a cheisio cynnwys digon o amrywiaeth. Wyndham Richards a'r ddiweddar Menna Gwyn oedd y ddau gynhyrchydd ac mae Wyndham a minnau'n aros yn gyfeillion agos.

Arferai John Roberts Williams alw bron yn wythnosol yn ein cartref yn y Waunfawr gan drafod popeth dan haul. Gwleidyddiaeth wrth gwrs, llwyddiant neu aflwyddiant y ddwy res o ffa a blannai'n flynyddol, trafferthion ei wahanol geir, ei hoffter o fecryll Trefor a chwaraeon, yn enwedig yn ystod y tymor criced, er i mi fethu'n lân â'i gael i ddod efo Gwenlli a minnau ym mis Awst i Fae Colwyn i wylio tîm criced Morgannwg. Bron yn ddi-feth, amser cinio bob dydd Llun, byddwn yn ei ffonio ac ynganu tri gair yn unig yn ei glust, 'John – Gwilym Owen.' Wrth baratoi'i ginio, tueddai i anghofio troi'r radio ymlaen ac nid oedd ar unrhyw gyfrif eisiau colli rhaglen radio a fyddai'n rhoi cymaint o foddhad iddo.

Oes, mae bwlch mawr ar ei ôl wedi dros ddeugain mlynedd o gyfeillgarwch, o gytuno ac anghytuno, ac fel y dywedodd Dylan Iorwerth, 'Roedd John yn dragwyddol ifanc ac yn dragwyddol hen.'

Pennod 11

Y Cwlwm Cydiol

Pan oeddwn yn weinyddwr yn Adran Iechyd Anifeiliaid yn y Weinyddiaeth Amaeth yng Nghaernarfon, arferwn gysylltu'n gyson ag un adran o'r Cyngor Sir, fel rhan o'm dyletswyddau. Er mwyn bod yn gwrtais cawn sgwrs ddyddiol gyda'r ferch oedd yn gweithio ar banel teleffon y Cyngor.

Deallais gan fy ffrind John Morris mai Gwenlli, merch fferm y Garreg Fawr, Waunfawr oedd yr eneth ac, yn ôl John a oedd yn gyfarwydd â'r teulu, yn ferch hynod o atyniadol. Yn sgil derbyn yr wybodaeth hanfodol yma, yn naturiol roedd y sgyrsiau rhyngom cyn fy nhrosglwyddo i'r Adran angenrheidiol o'r Cyngor yn mynd yn fwy personol ac yn hwy. Yn wir, arferwn ffonio Adran y Cyngor Sir ar adegau yn ddianghenraid er mwyn cael sgwrs â'r ferch nad oeddwn wedi ei chyfarfod, er yn dymuno hynny a theimlwn fod y sgyrsiau'n obeithiol, a dweud y lleiaf.

Un dydd Gwener, dyma fentro holi a oedd yn bwriadu mynd i rywle arbennig trannoeth, sef y Sadwrn, a dywedodd ei bod yn cystadlu ar adrodd yn Eisteddfod Clybiau Ieuenctid Sir Gaernarfon yn Neuadd Pen-y-groes, fel aelod o Glwb Ieuenctid Capel Bethel, Waunfawr.

Dyma gyfle, meddwn innau, nid yn unig i gael gweld y ferch yr oedd John Morris yn ei chanmol ond hefyd efallai ei chyfarfod. Felly, yn ddiarwybod iddi, i ffwrdd â mi trannoeth am Ben-y-groes gan obeithio y byddai'n ymddangos ar y llwyfan yng nghystadleuaeth yr adrodd dan bump ar hugain oed.

Ni chefais fy siomi. Roedd disgrifiad John o Gwenlli yn berffaith, ac yn wir fe enillodd nid yn unig ar yr adrodd ond hefyd am gyfansoddi telyneg a pharodi. Ond i goroni'r cyfan, hi hefyd enillodd gadair yr eisteddfod fythgofiadwy honno. Roedd hi'n ferch amryddawn a deniadol, yn llawer rhy ddeniadol, fe dybiwn, i gyboli efo mi!

Mentrais i gefn y llwyfan i chwilio amdani ac yn wir fe ddaeth y cyfle i gyflwyno fy hun, wrth ei llongyfarch, fel y person anweledig oedd 'yn malu awyr' efo hi ar y ffôn mor aml. Do, aeth popeth yn ddigon derbyniol wrth lwc.

Yn ffodus, fe dynnwyd ei llun fel enillydd y gadair gan Robin Gruffydd *Y Cymro* ac mae'r llun hwnnw mewn lle anrhydeddus yn y tŷ gan mai dyna'r llun a dynnwyd pan fu i Gwenlli a mi gyfarfod am y tro cyntaf, a chychwyn ar dros hanner can mlynedd o fod yn gariadon.

Wedi priodi yn 1955, buom yn byw yn y Garreg Fawr am gyfnod a minnau wrth fy modd yn byw ar fferm fynyddig oedd a'i herwau yn ymledu at gopa Moel Eilio. Roedd cario gwair, dipio a chneifio defaid, a llu o ddyletswyddau angenrheidiol eraill yn ddyletswyddau newydd i mi, ond roeddynt mor bleserus fel imi roddi cryn sylw i'r syniad o fynd i ffermio fy hun, ond chwiw dros dro oedd honno.

Aelwyd lenyddol a diwylliedig oedd aelwyd y Garreg Fawr. Roedd tad Gwenlli, Tom Williams, yn fardd gwlad o'r radd flaenaf ac yn fwy na pharod i gyfansoddi cerddi ar gyfer pob amgylchiad cymdeithasol a hefyd emynau priodas a phenillion coffa, heb sôn am benillion i gofnodi troeon trwstan – cerddi sydd hyd y dydd heddiw yn cael eu trysori ar sawl aelwyd ymhell ac agos. I gydnabod ei gyfraniad hynod i ddiwylliant yr ardal am flynyddoedd, gan y byddai hefyd yn dysgu cenedlaethau o blant i adrodd, fe'i hanrhydeddwyd gan Orsedd y Beirdd. Ei enw yn yr Orsedd oedd 'Tom Garreg Fawr'.

Gallai ei briod, Annie, gyfansoddi cerddi digon derbyniol hefyd, felly nid oedd yn syndod fod Gwenlli yn barddoni ac yn mwynhau'r awen. Chwaer i Tom Williams oedd Gwaunferch, adroddwraig o fri, a mam Eigra Lewis Roberts, y llenor a'r bardd, a arferai ddod i'r

Garreg Fawr bob haf ar wyliau pan oedd yn iau.

Rhaid cyfeirio at hen adeilad a safai ym mhen pellaf iard y fferm; tŷ gwair oedd o i ni ond yr oedd iddo gryn bwysigrwydd hanesyddol, yn wir cymaint o bwysigrwydd fel y'i symudwyd garreg wrth garreg i Sain Ffagan yn 1984.

Y rheswm dros ei symud oedd ei fod yn ffermdy hanesyddol wedi ei adeiladu yn 1544 gan John Wyn ap Maredudd pan oedd y gŵr hwnnw yn Uchel Siryf Sir Gaernarfon. Ei frawd oedd Rhys Wyn ap Maredudd a arferai fyw yn ei blasty ger Cadair Ellyll, uwchben Llanberis, yr ochr arall i'r mynydd, a chyfaill Rhys Wyn, sef Griffith ap Howel ap Roberts, oedd tenant cyntaf yr hen ffermdy hwn.

Yn ôl cofnodion yn 1865 ac eto yn 1880, gwelir cyfeiriad at y tŷ fferm presennol gyda'r hen blasty bellach yn cael ei ddisgrifio fel *outbuilding*. Hen enw ar y Garreg Fawr oedd Castell Crwn, ac y mae hyn yn ôl y gwybodusion yn adlewyrchu bodolaeth caer gron a arferai fod ar y tir. Ond fe geir hyd heddiw adeilad ger y tomennydd llechi gerllaw'r ffermdy sydd, medd rhai, yn cyfateb i dŵr Castell Dolwyddelan. Adeilad oedd hwn oedd yn swyddfa i reolwr y chwarel yn ôl pob sôn. Ond yr enw arno gan holl blant y fro yw 'Castell y Mwgwd Du'. Pam hynny, does gen i ddim syniad. Dywed rhai mai Tom Williams a'i bedyddiodd.

Wedi dwy flynedd hapus iawn yn y Garreg Fawr gyda Tom ac Annie Williams, rhieni Gwenlli, fe symudodd y ddau ohonom yn 1957 i dŷ ein hunain ym mhentref Waunfawr, a bellach roeddwn innau yn 'Beganîf', fel yr adnabyddid trigolion y Waun.

Roeddwn i wedi arfer byw mewn pentref, ond yr oedd y symudiad hwn o reidrwydd, wedi blynyddoedd o fyw mewn ffermdy mynyddig, yn chwith iawn ar y cychwyn i Gwenlli.

Yn nhreiglad amser daeth Gethin i roi gwedd newydd i'r aelwyd a rhoi cyfrifoldebau dieithr ar ein hysgwyddau.

'Ardwyn' oedd yr enw a roddodd Gwenlli a minnau ar ein cartref newydd, a chyd-ddigwyddiad oedd i'r llythyr cyntaf a gawsom yno ddod o 'Ardwyn', Dolgellau, cartref y diweddar Barchedig O. M. Lloyd, ar y pryd.

Pennod 12

Gwireddu Dyheadau

Dros y blynyddoedd cefais fodlonrwydd personol yn gwireddu tri dyhead, sef sefydlu Clwb Eryri yn Llanberis yn 1955, trefnu eisteddfod cyd-bentrefol yn nyffrynnoedd Gwyrfai a Gwynant yn y chwedegau, a bod â rhan fechan o weld cystadlaethau rhwyfo Chwaraeon y Gymanwlad yn cael eu cynnal ar Lyn Padarn yn Nyffryn Peris yn 1958.

CLWB ERYRI

Gan fod un o'm cyd-weithwyr yn swyddfa'r Weinyddiaeth Amaeth yng Nghaernarfon yn 1955 yn aelod yng Nghlwb y Pentan ym Methesda ac yn sôn yn gyson am y cyfarfodydd misol a gaed yno yn trafod gwahanol bynciau ar wahân i grefydd a gwleidyddiaeth, fe gododd gryn awydd ynof i weld clwb cyffelyb yn Nyffryn Peris.

Bûm yn trafod y syniad gyda gŵr oedd â chryn ddylanwad yn y dyffryn, sef y diweddar Tom Owen, Llanberis, a oedd ar y pryd yn un o uchel swyddogion y Weinyddiaeth Danwydd yng Nghymru. Roedd yntau'n hynod gefnogol ac wedi galw cyfarfod cyhoeddus yn Ysgol Gynradd Llanrug ym Medi 1955, sefydlwyd Clwb Eryri, clwb trafod i nifer penodedig o wŷr yn unig.

Ddwy flynedd yn ôl buom yn dathlu hanner canrif y Clwb, a'r aelodau'n dod o blwyfi Llanberis, Llanrug, Llanddeiniolen a'r Waunfawr.

EISTEDDFOD Y CYMDEITHASAU

Teimlwn fod deunydd rhagorol yn bodoli ymysg pentrefwyr dyffrynnoedd Gwyrfai a Gwynant i gynnal eisteddfod ddi-wobr, â tharian i'w chyflwyno i'r tîm buddugol a gawsai'r nifer mwyaf o bwyntiau ar y noson.

Rhannwyd yr ardal yn bedwar tîm, sef tîm Capel Bethel, Waunfawr; tîm Capel Croesywaun, Waunfawr; pentrefwyr Betws Garmon, Rhyd-ddu a Drws-y-coed, a'r pedwerydd tîm oedd Beddgelert, Nantmor a Nant Gwynant. Bu'r syniad yn hynod lwyddiannus, gyda'r brwdfrydedd yn amlwg a'r darian yn newid dwylo yn flynyddol. Yn anffodus aeth y darian ar goll yn 1968, blwyddyn olaf yr eisteddfod, a does neb hyd heddiw'n gwybod ei thynged.

Yn nhîm Beddgelert roedd y ddihafal Edith Evans (Telynores Eryri) a hithau wedi dylanwadu ar y swyddogion i blygu'r rheolau fel bod ei ffrind Nansi Richards (Telynores Maldwyn) yn cystadlu fel aelod o dîm Beddgelert. Dadl Edith oedd fod Nansi yn dod yn ddigon aml i Feddgelert i'w chysidro fel un o'r pentrefwyr!

Wrth reswm, uchafbwynt yr eisteddfod oedd cyflwyniad Edith o'r tramp, yng nghystadleuaeth y gân actol, a Nansi yn chwarae'r delyn. Nosweithiau difyr heb os.

Mae un eisteddfod yn sefyll allan, sef yr eisteddfod a gynhaliwyd yng Nghapel Remaliah, Rhyd-ddu, capel sydd ysywaeth wedi ei ddymchwel erbyn hyn. Llywydd y noson honno oedd Syr Thomas Parry-Williams, ac fel ysgrifennydd yr eisteddfod rhaid cyfaddef na feddyliais am funud y byddai Syr Thomas yn derbyn y gwahoddiad i ddod i'n heisteddfod fach ni, ond fe ddaeth, a Lady Amy hefo fo. Roedd Capel Remaliah yn orlawn a phawb nid yn unig yn mwynhau'r gwahanol gystadlaethau ond yn edrych ymlaen at araith llywydd y noson.

Cofiaf i Syr Thomas ddod ymlaen i'r sêt fawr am y tro cyntaf ers blynyddoedd yn ôl ei gyfaddefiad ar ddechrau ei anerchiad. Aeth ymlaen i sôn am y gwahanol deuluoedd a eisteddai yn y sedd yma a'r sedd acw yng Nghapel Remaliah. Ond aeth yr achlysur yn ormod iddo a bu raid iddo, o dan deimlad, dorri ei anerchiad yn fyr.

Gan fy mod fel ysgrifennydd yn eistedd ger y bwrdd yn y sêt fawr, codais er mwyn ei hebrwng yn ôl i'w sedd. Ymddiheurodd am fethu gorffen ei anerchiad. Ymhen amser cefais lythyr ganddo yn dymuno cyfrannu i goffrau'r eisteddfod ac yn gofyn yn ei ddull unigryw a nodweddiadol, 'Oes gynnoch chi gownt i mi gyfrannu iddo?'

Er derbyn cryn fwynhad o gyflawni'r uchod, erys un dyhead nad yw wedi'i gyflawni, ac o bosib na welir ei gyflawni, sef yr awydd o weld Capel Hebron ar lethrau isaf yr Wyddfa yng Ngwaun Cwm Brwynog wedi ei adnewyddu, (fel y gwnaed yn hanes Capel Newydd, Nanhoron, yn Llŷn), gan iddo, er ei ddinodedd, ddiwallu holl ddyheadau cymdogaeth y carwn innau fod wedi bod yn rhan ohoni.

Ac wrth eistedd yng nghadair Eisteddfod Gorffwysfa Llanberis 1959, cadair a enillwyd gan fy nhad yng nghyfraith, Tom Williams, am ei gerdd i Capel Hebron, rwyf innau'n fwy na pharod i gydnabod, dro ar ôl tro, nad oes, i mi o leiaf, fangre mor gyfareddol â'r cwm diarffordd hwnnw gyda'r enw barddol Gwaun Cwm Brwynog.

GEMAU'R GYMANWLAD 1958

Sylwais yn y papur dyddiol un diwrnod yn 1957 fod pwyllgor wedi'i sefydlu yn Llundain i drafod rhestr fer o lynnoedd ac afonydd oedd i'w cysidro fel mannau i gynnal cystadlaethau rhwyfo Gemau'r Gymanwlad y flwyddyn ddilynol, sef 1958.

Ysgrifennais at ysgrifennydd y pwyllgor hwnnw, sef gŵr o'r enw E. H. Prater, gan ofyn tybed oedd modd cynnwys dyfroedd Llyn Padarn yn Eryri fel llyn addas. Derbyniais ateb yn ôl yn cadarnhau y byddai enw Llyn Padarn yn cael ei ychwanegu at y rhestr.

Fel y gwyddys, yno ar ddyfroedd Llyn Padarn y cynhaliwyd cystadlaethau rhwyfo'r Chwaraeon yn 1958, gan roi mymryn bach o falchder personol i mi.

Pennod 13

Dosbarthiadau Addysg y Gweithwyr

Byddai'n wrthun ar fy rhan i beidio â datgan fy nyled i ddos-barthiadau gyda'r nos Cymdeithas Addysg y Gweithwyr a'r Brifysgol.

Yn nhreiglad sawl blwyddyn cefais gyfnodau gyda Meuryn yng Nghaernarfon ar Lenyddiaeth Cymraeg ac ar yr un testun am bum mlynedd yn y Waunfawr gyda Cynan, a dwy neu dair blynedd ar Seicoleg gyda'r unigryw Gwilym O. Roberts yn Llanberis a'r Waunfawr.

Roedd y dosbarthiadau hyn yn hynod boblogaidd yn ardaloedd y chwareli ar un cyfnod, ac yn sicr fe ddysgais lawer o'u mynychu, heb anghofio'r pererindodau i fannau hanesyddol a oedd yn rhan annatod o ddosbarthiadau Cynan, a phopeth fel arfer wedi ei drefnu'n drylwyr.

Erys yn y cof destun un noson gyda Gwilym O. Roberts, sef trafod y rhesymau pam fod rhai plant yn gwlychu'r gwely! Ar y bwrdd du tynnwyd llun o'r pot arferol, ac yna'r athro yn bwrw'i lid ar rieni fyddai, oherwydd bod bysedd y cloc yn pwyntio at wyth o'r gloch, dyweder, yn gorfodi plentyn i eistedd ar y pot a'i wyneb yn goch wrth geisio ymateb i orfodaeth y fam.

'Does 'na ddim syndod fod y bychan yn gwlychu'i wely,' meddai Gwilym O, 'dim y cloc sydd i ddweud pa bryd mae'r bychan i eistedd ar y pot.'

Gwahoddwyd dau o ddosbarth Cynan yn Neiniolen a dau o'i ddosbarth yn y Waunfawr i fynd i stiwdio deledu yng Nghaerdydd ac yno greu awyrgylch dosbarth gyda'r tiwtor. Dewisodd Cynan fel testun drafod 'Anterliwtiau Twm o'r Nant' gyda lluniau perthnasol yn ymddangos ar y sgrin pan oedd yn cyfeirio at wahanol agweddau yn hanes Twm.

Roeddem wedi ymarfer drwy'r bore, a'r rhaglen yn cael ei dangos yn fyw yn hwyr y prynhawn. Pan oedd Cynan yn cyfeirio at y ffaith fod Twm yn cynnal yr anterliwtiau ar drol, dangoswyd llun o drol ar y sgrin, ond am ryw reswm anghofiodd Cynan gyfeirio ati. Sylwais fod hyn yn creu peth anesmwythyd ymysg staff y telediad. Ar foment ddifeddwl dyma finnau'n meiddio torri ar draws llifeiriant geiriol yr athro gan ofyn ar beth yr oedd Twm yn cynnal ei anterliwtiau. Rhaid cyfaddef fy mod yn hynod bryderus yn gwneud hynny ac yn dechrau edifarhau am dorri ar draws arabedd Cynan.

'Cwestiwn da,' meddai, 'cwestiwn da iawn. Wel, ar droliau y byddai Twm yn diddanu'r gynulleidfa', ac ymlaen â fo fel pe na fyddai dim wedi digwydd. Ar ddiwedd y rhaglen daeth ataf gan wenu ac ysgwyd fy llaw, a diolch i mi am achub y sefyllfa!

Uwchben y Tia Maria gyda'r nos yn y gwesty, cafodd y pedwar ohonom flasu personoliaeth fawr y bardd a'i ddawn fagnetig fel *ranconteur*.

Mwynheais ddosbarthiadau'r tri gwron, y tri yn wahanol, ond tri gŵr rwyf yn bur ddyledus iddynt.

Pennod 14

Cerdd Goffa i Gwenlli

Ym mis Mawrth 2006 bu farw fy mhriod, Gwenlli, wedi dros hanner can mlynedd o fywyd priodasol. Yn naturiol mae'r golled yn anfesuradwy a'r hiraeth yn greulon, ac er i fardd ddatgan mai 'di-eiriau ydyw hiraeth', fe gyfansoddais y gerdd hon er cof amdani.

Hiraeth y Gog

Fe groesais foroedd geirwon lu
A'r gwyntoedd cryf yn gwmni,
A chyrraedd wnes lechweddi'r Waun
Â'm bryd ar ddenu Gwenlli.

Ar dir Bryn Gloch y llynedd, do
Addewais, yn llawn asbri
Y down yn ôl y flwyddyn hon
I ddyblu 'nghân i Gwenlli.

Gwyrddlesni'r gwanwyn ym mhob man
A'r egin yn blaendorri,
Ond er i'r tymor wneud ei ran
Rhaid gofyn – ble mae Gwenlli?

Ar frig yr onnen ger ei gardd
Fe fûm yn hir delori,
Â gobaith byddai 'neunod byr
Yn denu gwên gan Gwenlli.

Ond na, er imi aros dro,
Ni chefais wên na'i chwmni,
Mewn gwewyr heb gyflawni rwyf
'Raddewid wnes i Gwenlli.

Fe dybiais mai'n y Garreg Fawr
Y cawn i gip ohoni,
Er hedfan yno yn ddi-baid,
Doedd lliw na llun o Gwenlli.

Ond och, ar fore Sul y Pasg,
Fe sylwais ger beddfeini
Ym mynwent Betws gochni'r pridd,
Ai yno y mae Gwenlli?